KPMG

Q&Aでわかる IFRSサステナビリティ開示基準

あずさ監査法人 開示高度化推進部［編］
関口智和・辻野幸子［編著］

中央経済社

はじめに

2023年３月から，有価証券報告書において「サステナビリティに関する考え方及び取組」の記載欄が設けられ，投資家向けのサステナビリティ関連情報の開示が本格的に開始されている。これを踏まえ，多くの企業において，これまでのサステナビリティ関連情報の作成プロセス，投資家や他の情報利用者への説明のあり方の変革に向けて模索がされている。

従来，サステナビリティ情報の開示は，企業が任意に実施している社会貢献をアピールするための手段という色彩が強かったのではないか。しかし，投資家向けの情報開示においては，サステナビリティ課題が企業のビジネスにとってどのようなリスクや機会をもたらすのか，企業がリスクや機会にどのように対処しているか（または，しようとしているか）を適切に伝達することがコアとなる。

実際，気候関連課題への関心が急速に高まっており，事業活動においてGHG排出量の削減を意識することは不可欠になっている。また，従業員のスキルの向上や人権の保護に十分に配慮しなければ，事業の存続が覚束ないという認識は社会的なコンセンサスになっている。このため，投資家向けの開示において，こうしたサステナビリティ関連の課題について開示する必要があるということは国内外を問わず広く合意されているといえるのではないか。

こうした認識の下，2022年初旬に投資家向けの情報提供を目的とするサステナビリティ関連財務情報に関する基準設定主体として国際サステナビリティ基準審議会（ISSB）が設置され，2023年６月に最初のIFRS®サステナビリティ開示基準としてIFRS S1・S2号が公表されている。基準設定主体の設置から１年半弱の期間で基準化に漕ぎつけたのは，国際的な基準開発において極めて異例のことである。このような異例のスピードで基準化が進められた事実は，高品質で比較可能なサステナビリティ関連財務情報を投資家に対して提供することが国境を問わずに不可欠になっているということの証左といえるだろう。

こうした背景を踏まえ，日本でも，2022年７月にサステナビリティ基準委員会（SSBJ）が設置され，国内基準の開発が進められている。また，今後，SSBJ基準に準拠して作成したサステナビリティ関連財務情報を有価証券報告書で開示することが大手上場企業に対して義務付けられることが見込まれている。SSBJは，基準開発にあたって，SSBJ基準をIFRSサステナビリティ開示基準の内容と整合性のあるものとする方針を示しており，実際，SSBJの基準（案）はIFRS S1・S2号の基準に極めて近いものとなっている。このため，ISSB基準への準拠を検討している企業に限らず，同基準を正しく理解することは重要と考えられる。

このような認識の下，本書では，幅広い読者層を想定して「基準の内容を正しくかつわかりやすく伝えること」をコンセプトに一問一答のQ&A形式でIFRS S1・S2号のポイントを解説した。また，IFRS S1・S2号そのものではないものの関連する情報を「コラム」として盛り込んだ。なお，本書における記述は，2023年12月末時点の情報に基づいている。加えて，本書の執筆にあたっては，SSBJの審議で示されたIFRSサステナビリティ開示基準の訳を参考にしつつも，読みやすさの観点から，一部それと異なる表現を用いている。

本書が，IFRSサステナビリティ開示基準の正しい理解，引いては高品質なサステナビリティ情報の開示に向けた一助になれば，望外の喜びである。本書の執筆にあたっては，中央経済社の土生健人氏に大変お世話になった。繰り返しの修正依頼や要望に快くご対応いただいたことに厚く御礼申し上げる。

2024年2月吉日

執筆者代表　**関口智和**
辻野幸子

早わかり IFRSサステナビリティ開示基準
～ IFRS S1号およびS2号の概要～

1　基準の公表

2023年６月26日に，国際サステナビリティ基準審議会（ISSB）から，IFRS®サステナビリティ開示基準における最初の基準として，IFRS S1号「サステナビリティ関連財務情報の開示に関する全般的要求事項」およびIFRS S2号「気候関連開示」が公表されました。

IFRSサステナビリティ開示基準は，投資家，融資者およびその他の債権者（以下「投資家等」という）に焦点を当てたサステナビリティ報告のための「グローバル・ベースライン」となることを意図して開発されており，今後，各国および地域の規制当局の報告制度の礎となることが期待されます。

2　IFRS S1号・S2号の概観

IFRS S1号は，企業がサステナビリティ関連のリスクおよび機会に関する情報を開示するにあたっての全般的要求事項を定めたものです。IFRS S2号は，具体的な気候関連開示を定めたものであり，IFRS S1号と併せて適用するように設計されています。

＜IFRS S1号・S2号の概観＞

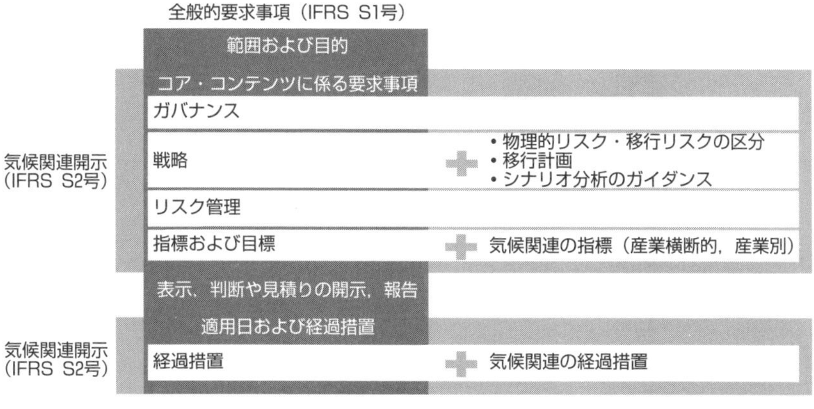

3 IFRS S1号の概要

(1) サステナビリティ報告の流れ

IFRS S1号は，投資家等の意思決定などに役立てるため，「企業の見通しに影響を与えることが合理的に予想されうるすべてのサステナビリティ関連のリスク及び機会」(1)を開示することを要求しています。IFRS S1号に基づくサステナビリティ報告の流れは次のとおりです。

<IFRS S1号に基づくサステナビリティ報告の流れ>

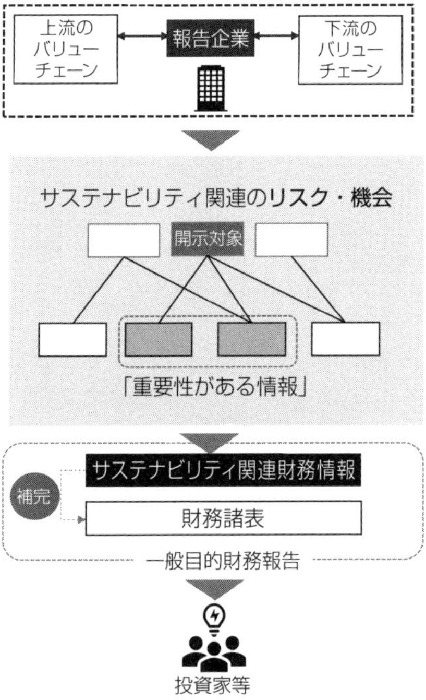

(出所：IFRS S1号に基づきKPMG作成)

まず，報告企業（報告主体）を決定します。サステナビリティ報告における報告企業は，財務報告における報告企業と同一となります(2)。

報告企業に影響を与えるサステナビリティ関連のリスクおよび機会のうち，「企業の見通しに影響を与えることが合理的に予想されうるリスク及び機会」を識別し，開示対象とします。

この開示対象となるリスクおよび機会について，「重要性のある（material）情報」を識別して，サステナビリティ関連財務開示として報告します。

サステナビリティ関連財務情報は，財務諸表を補完するものとなります。このため，サステナビリティ関連財務情報が一般目的財務報告の一部として，財務諸表と一体的に開示されることにより，投資家が企業の将来キャッシュ・フロー等を評価するのに役立つ情報を提供することができます。

(1) 企業のキャッシュ・フロー，ファイナンスへのアクセス，資本コストに対して短期・中期・長期にわたって影響を与える可能性があることが合理的に予想されるすべてのサステナビリティに関するリスクと機会を意味する。

(2)　4つのコア・コンテンツ

サステナビリティ関連のリスクおよび機会に関する情報を開示する際には，4つのコア・コンテンツの開示が求められます。コア・コンテンツは，以下の4項目からなり，TCFD提言と整合的な考え方が採用されています。

項　目	開示すべきとされている情報
ガバナンス	サステナビリティに関するリスクと機会をモニタリング・管理するために企業が利用するガバナンスプロセス，統制および手続
戦略	サステナビリティに関するリスクと機会を管理するために企業が利用するアプローチ
リスク管理	サステナビリティに関するリスクと機会を識別，評価，優先順位付け，モニタリングするために企業が利用するプロセス
指標および目標	サステナビリティに関するリスクと機会に関連する企業の業績（自社が設定した目標または法令で遵守が要求されている目標に向けた進捗度を含む）

(3)　表　示

IFRS S1号では，表示に関する全般的要求事項が定められています。主な内容は以下のとおりです。

項　目	要　求　事　項
つながりのある情報	情報間のつながりを理解できるように開示する。 ・様々なサステナビリティに関するリスクと機会の間のつながり ・開示されるサステナビリティ財務情報の間のつながり （例：ガバナンス，戦略，リスク管理，指標および目標に関する開示の間のつながり） ・サステナビリティ財務情報と他の一般目的財務報告（例：財務諸表）の間のつながり
情報の開示場所	IFRSサステナビリティ開示基準によって要求される情報は，一般目的財務報告の一部として開示する。
適正表示	・サステナビリティ関連財務情報が有用であるためには，当該情報は「目的適合性」があり，表現しようとしている現象の実質を

(2)　報告にあたっては，報告主体で発生した取引やその他の事象だけでなく，バリューチェーンにおいて企業が依存する資源や関係に係る情報を反映する必要がある。

	「忠実に表現」するものである必要がある。 ・情報が「比較可能」で,「検証可能」で,「適時」で,「理解可能」な場合に有用性が高まる。

(4) その他

IFRS S1号では，報告や判断および見積りに関する全般的要求事項が定められています。主な内容は以下のとおりです。

項　目	要　求　事　項
報告の時期・頻度	サステナビリティ関連財務情報の開示は，原則として， ・財務諸表と同時に報告しなければならない。経過措置あり ・財務諸表と同一の報告期間でなければならない。
比較情報	原則として，当期において開示されたすべての金額について，前期に係る比較情報を開示する。経過措置あり
準拠表明	・IFRSサステナビリティ開示基準のすべての要求事項に準拠している企業は，本基準に準拠している旨を記述することが要求される。 ・一部の要求事項にのみ準拠している企業は，本基準に準拠している旨を記述することが禁止される。
判断	サステナビリティ関連財務開示を作成する過程で企業が行った判断および開示に含まれる情報に最も重大な影響を与える判断を，一般目的財務報告の利用者が理解することができる情報を開示する。
測定の不確実性	サステナビリティ関連財務情報の開示における金額に影響を与える最も重大な不確実性を理解できるようにするため，不確実性の源泉や企業が測定において利用した仮定，概算および判断に関する情報を開示する。
誤謬	重要性がある過去の期間の誤謬について，実務上不可能でない限り，開示された過去の期間の比較対象の数値を修正再表示することによって訂正しなければならない。

4　IFRS S2号の概要

気候関連の特徴的な開示には，以下のようなものがあります。

(1)　戦　略

①　物理的リスクと移行リスク

開示対象とする気候関連のリスクを説明するにあたり，識別されたリスクが物理的リスクと移行リスクのいずれに該当するかを開示することが求められます。

②　移行計画

移行計画とは，企業が低炭素経済への移行に取り組むための目標と行動を定めたものです。企業が識別されたリスクと機会にこれまでどのように対応してきたか，また，これから対応する予定であるかを開示するにあたって，移行計画がある場合には，移行計画を開示することが求められます。

③　シナリオ分析

企業が気候リスクへのレジリエンス（強靭性）に関する評価を説明するにあたり，シナリオ分析を使用することが求められます。企業がシナリオ分析の実施において採用するアプローチは，報告日において過大なコストや労力をかけずに利用可能な合理的で裏付け可能なすべての情報に基づいて実施することが要求されており，分析手法には定量的なものだけでなく定性的なものも含まれるとされています。

(2) 指標および目標

気候関連リスクおよび機会については，以下のタイプの指標および目標の開示が求められます。

指　標	目　標
① 産業横断的な指標 －7種類の指標 例：GHG排出量（スコープ1,2,3）など 経過措置あり	④ 気候関連の目標 －企業が設定した目標 －法令により要求されている目標
② 産業別の指標 産業別ガイダンス（68産業・11セクター）を参照し，適用可能性を検討する必要がある	
③ 企業が測定・モニタリングのために使用する指標	

5　適用時期

IFRS S1およびS2号は，2024年1月1日から開始する事業年度より適用することとされています。ただし，これらの基準が強制適用されるか，およびその場合の時期がいつになるかは，各国・地域の規制当局により検討され，決定されます。

6　経過措置

IFRS S1およびS2号では，実務上の負担を考慮して，いくつかの経過措置が定められています。

	経過措置の主な定め
IFRS S1号	①　企業がIFRS S1号を適用した初年度： a　気候関連以外のリスクおよび機会については報告しないことができる。 b　比較情報は開示しないことができる。 c　財務諸表の公表後にサステナビリティ関連財務開示を行うことができる。
	②　上記①-aの経過措置を適用する場合： 適用２年目において，①-aに関する比較情報は免除される。
IFRS S2号	①　企業がIFRS S2号を適用した初年度： a　スコープ３のGHG排出量を開示しないことができる。 b　適用開始の直前年度において，GHG排出の測定にGHGプロトコルのコーポレート基準（※）以外の手法を使用している場合，当該他の方法を継続して使用することができる。
	②　上記①-aの経過措置を適用した場合: 適用２年目において，①-aに関する比較情報は免除される。 ③　上記①-bの経過措置を適用した場合： 適用２年目において，比較情報の開示にあたり，①-bの方法を引き続き使用できる。

（※）「GHG Protocol：A Corporate Accounting and Reporting Standard」（2004）を指す。

本書とIFRSサステナビリティ開示基準書の対応表

本書の章立て	対応するIFRS S1号・S2号	Q番号
第1章　IFRSサステナビリティ開示基準とは？		
1-1　背景	IFRS S1. B1-B5	Q1
	—	Q2-6
1-2　基準設定主体-ISSB	—	Q7-10
1-3　IFRSサステナビリティ開示基準	—	Q11-14
第2章　基準の基本事項を理解しよう		
2-1　目的および範囲	IFRS S1. 1-9 IFRS S2. 1-4	Q15-17
2-2　適正な表示	IFRS S1. 10-16, 付録D	Q18
2-3　重要性	IFRS S1. 17-19, B13-33	Q19-22
2-4　報告企業	IFRS S1. 20, B11-12, B38	Q23-25
2-5　情報のつながり	IFRS S1. 21-24, B39-44	Q26-27
2-6　開示すべき情報の識別	IFRS S1. 54-59, B6-7, C1-3	Q28-30
2-7　情報の開示場所	IFRS S1. 60-63, B45-47	Q31
2-8　報告期間、報告時期、報告頻度	IFRS S1. 64-69, B48	Q32
2-9　比較情報の開示	IFRS S1. 70-71, B49-54	Q33-34
2-10　準拠表明	IFRS S1. 72-73	Q35
2-11　判断、不確実性および誤謬	IFRS S1. 74-86, B8-10, B55-59	Q36-39
2-12　基準適用の円滑化を図るための措置	IFRS S1. B34-37, 付録E IFRS S2. 付録C	Q40-42
第3章　基準により求められる具体的な開示内容を理解しよう		
3-1　コア・コンテンツの全体像	IFRS S1. 25	Q43-45
3-2　ガバナンス	IFRS S1. 26-27 IFRS S2. 5-7	Q46-47
3-3　戦略	IFRS S1. 28-29 IFRS S2. 8-9	Q48
3-4　サステナビリティ関連のリスクおよび機会／ビジネスモデルとバリューチェーン	IFRS S1. 30-32 IFRS S2. 10-13	Q49-51

3-5　戦略および意思決定	IFRS S1. 33 IFRS S2. 14	Q52-53
3-6　財政状態、財務業績およびキャッシュ・フロー	IFRS S1. 34-40 IFRS S2. 15-21	Q54
3-7　レジリエンス	IFRS S1. 41-42 IFRS S2. 22-23	Q55-58
3-8　リスク管理	IFRS S1. 43-44 IFRS S2. 24-26	Q59-60
3-9　指標および目標	IFRS S1. 45-53 IFRS S2. 27-37	Q61-67
第4章　業種が異なれば開示すべき事項も異なる?		
4-1　産業別開示基準－全般的事項	－	Q68-73
4-2　IFRS S2号の産業別適用ガイダンスの構成と内容	－	Q74-75
第5章　サステナビリティ開示実務は今後どうなっていく？		
5-1　開示実務	－	Q76
5-2　保証	－	Q77
5-3　各国のサステナビリティ関連開示の制度動向	－	Q78-81
5-4　基準公表後のISSBの動き	－	Q82-83

目　次

第2章　基準の基本事項を理解しよう

第3章　基準により求められる具体的な開示内容を理解しよう

3 – 9	指標および目標169
Q61	「指標」に関する開示事項・・・・・・169
Q62	「目標」に関する開示事項・・・・・・172
Q63	気候関連リスクに関する産業横断的指標173
(C)	olumn® 内部炭素価格 (Internal Carbon Pricing) とは?]175
Q64	GHG排出量の区分と測定176
Q65	スコープ 1 およびスコープ 2 の排出量の開示180
Q66	スコープ3の排出量の開示183
Q67	Financed emissionsの開示・・・・187
生	▲ 業種が異なれば ▲
新 "	🍟 開示すべき事項も異なる?
4 – 1	産業別開示基準-全般的事項 ······190
Q68	産業別開示基準の意義・・・・・・190
Q69	SASBスタンダードとIFRS S2号の産業別適用ガイダンス······194
Q70	IFRSサステナビリティ開示基準の産業分類196
Q71	産業区分の選択(複数の産業が関係する場合)198
Q72	産業区分の選択(自社の状況が産業別開示基準の開示項目と
	整合しない場合)200
Q73	産業区分の変更201
4 – 2	IFRS S2号の産業別適用ガイダンスの構成と内容202
Q74	IFRS S2号の産業別適用ガイダンスの全体像······202
Q75	「開示トピック」,「指標」および「活動指標」とは206
华	サステナビリティ開示実務は 🔷
第 :	今後どうなっていく?
5 – 1	開示実務······212
Q76	気候関連の開示実務の変更・・・・・・212
5 – 2	保 証214

凡例

〔基準書等に関する略語〕

名　称	略　語
IFRS S1号「サステナビリティ関連財務情報の開示に関する全般的要求事項」 IFRS S1 General Requirements for Disclosure of Sustainability-related Financial Information	IFRS S1 IFRS S1号
IFRS S2号「気候関連開示」 IFRS S2 Climate-related Disclosures	IFRS S2 IFRS S2号
付録 Appendix	付録
結論の根拠 Basis for Conclusions	BC
例示的ガイダンス Illustrative Guidance	IG
IFRS S2号の適用に関する産業別ガイダンス Industry-based Guidance on Implementing IFRS S2	IB IFRS S2号の産業別適用ガイダンス
国際財務報告基準 IFRS® Accounting Standards	IFRS IFRS®会計基準
国際会計基準 IAS® Standards	IAS
温室効果ガスプロトコルの企業算定及び報告基準（2004年） The Greenhouse Gas Protocol: A Corporate Accounting and Reporting Standard (2004)	GHGプロトコルのコーポレート基準
温室効果ガスプロトコルのスコープ２ガイダンス The Greenhouse Gas Protocol Scope 2 Guidance	GHGプロトコルのスコープ２ガイダンス
温室効果ガスプロトコルのコーポレート・バリューチェーン（スコープ３）基準（2011年） The Greenhouse Gas Protocol Corporate Value Chain (Scope 3) Accounting and Reporting Standard (2011)	GHGプロトコルのスコープ３基準

本書のご利用にあたって

本書では，気候関連開示に関する解説箇所には，気候マークを付しています。部分的に該当する場合には，範囲を❯❯❯から❮❮❮までで示しています。

（例）

❯❯❯

また，気候関連では産業横断的指標，産業別の指標，および企業固有の指標の３つのカテゴリーに基づく開示が求められています（IFRS S2. 28-37）。

詳細については**Q61～Q63，Q74，Q75**をご参照ください。

❮❮❮

第1章

IFRSサステナビリティ開示基準とは？

1－1 背　景

Q1 「サステナビリティ関連財務情報」とは

IFRSサステナビリティ開示基準が対象とする「サステナビリティ関連財務情報」とは，どのような情報をいうのでしょうか？

A. 「サステナビリティ関連財務情報」とは，短・中・長期にわたって企業のキャッシュ・フロー，ファイナンスへのアクセスまたは資本コストに影響を及ぼすと合理的に見込まれうる，企業のサステナビリティ関連のリスクおよび機会に関する情報のことをいいます。

解　説

1 「サステナビリティ関連財務情報」とは

IFRSサステナビリティ開示基準は，一般目的の財務報告においてサステナビリティ関連財務情報を提供することを企業に求めています。ここで「サステナビリティ関連財務情報」とは，短・中・長期にわたって企業のキャッシュ・フロー，ファイナンスへのアクセスまたは資本コストに影響を及ぼすと合理的に見込まれうる，企業のサステナビリティ関連のリスクおよび機会に関する情報のことをいいます（IFRS S1号は，このようなリスクおよび機会を総称して，「企業の見通しに影響を及ぼすと合理的に見込まれうるサステナビリティ関連のリスクおよび機会」と呼んでいます）（IFRS S1. 3, B1）。

企業が短・中・長期にわたってキャッシュ・フローを創出する能力は，企業（バリューチェーンを含む）と，そのステークホルダー・社会・経済および自然環境との相互関係と密接に結びついています。企業（バリューチェーンを含む）は，キャッシュ・フローを創出するため，資源（例：自然資本）や関係（例：従業員やサプライヤーとの関係）に依存するとともに，企業活動やその成果物を通じて当該資源や関係に影響も及ぼしています。このような依存や影響は，企業の見通しに影響を及ぼすと合理的に見込まれうるサステナビリティ関連のリスクおよび機会の発生につながります（IFRS S1. 2）。

企業が依存し，また自社の活動や成果物を通じて影響を及ぼす資源や関係には，自然に関連するもの，製造されたもの，知的財産に関するもの，人的なもの，社会的なもの，財務的なものなど，様々な形式のものがあります。また，これらの資源および関係は，企業の労働力やノウハウ，社内プロセスのように企業内部に存在するものもあれば，原材料やサービス，サプライヤーや販売業者，顧客との関係等のように企業の外部に存在するものもあります。このような資源および関係は，企業の財務諸表に資産として計上されているものが含まれますが，それらに限定されるわけではありません（IFRS S1. B4）。

企業が依存し，また影響を及ぼす資源や関係には，企業が直接関与しているものだけでなく，バリューチェーン全体を通じたものも含まれる点に注意が必要です。企業のバリューチェーンにおいてサステナビリティ関連のリスクおよび機会が生じている場合，企業自身も関連するリスクおよび機会の影響を受けることが考えられます（IFRS S1. B5）。

IFRSサステナビリティ開示基準は，報告日において企業が過大なコストまたは労力なしに入手可能な合理的で裏付け可能な情報に基づき，企業の見通しに影響を与えることが合理的に見込まれうるサステナビリティ関連のリスクおよび機会を特定し（関連するバリューチェーンの範囲の適切な決定を含む），それらを報告することを，企業に求めています（IFRS S1. B6）。

企業の見通しに影響を与えると合理的に見込まれうる事項に関する情報は，例えば，サステナビリティ関連のリスクおよび機会の変化や，各ステークホルダーの期待・焦点の変化，企業のビジネスモデルの変更等に起因して，時の経過とともに変化することが考えられます。そのため，IFRSサステナビリティ開示基準に基づき企業が開示すべきサステナビリティ関連財務情報も，時の経過とともに変化する可能性がある点に留意する必要があります。

図表１－１　サステナビリティ関連財務情報

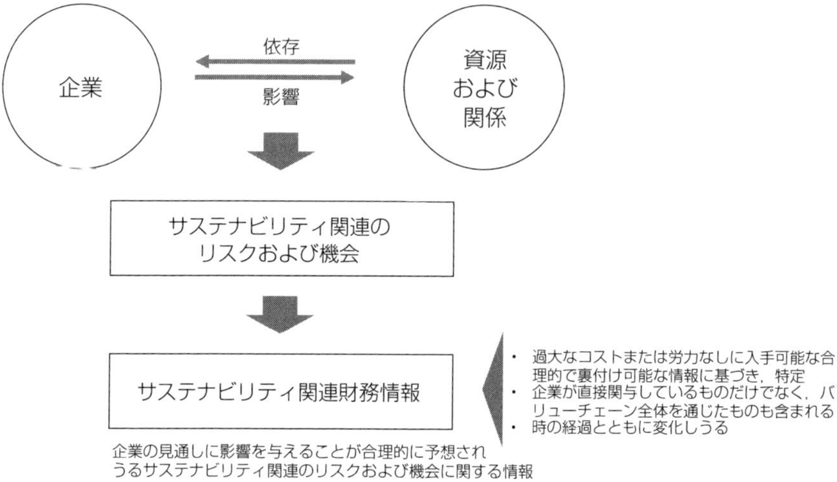

（出所：IFRS S1号に基づきKPMG作成）

Column ①　「サステナビリティ」とは

IFRSサステナビリティ開示基準における「サステナビリティ関連財務情報」とは，企業の見通しに影響を及ぼすと合理的に見込まれうるサステナビリティ関連のリスクおよび機会に関する情報のことをいいます。では，そもそも「サステナビリティ」とは何でしょうか？

「サステナビリティ」は，一般に「持続可能性」と訳されますが，最近では，「サステナビリティ」とカタカナで使われることが多いようです。IFRSサステナビリティ開示基準においては，「サステナビリティ」そのものに関する定義はありません。

ただし，IFRS S1号の「結論の根拠」において，サステナビリティの概念は，国連総会が設置した元世界環境開発委員会による「持続可能な開発(将来の世代の欲求を満たしつつ，現在の世代の欲求も満足させるような開発)」に結びつけられることが多いとされており，サステナビリティ関連事項の例として，気候変動や生物多様性，海洋，砂漠化，人権が挙げられています。また，「サステナビリティ」および「持続可能な開発」という用語は，「社会的コミュニティおよび共同体にわたり広く適用」され，「正義，健康，福祉，維持および地球の限界の認識に関する環境上のおよび社会的な概念もカバーしている」と説明されています（IFRS S1.BC42-43）。

サステナビリティ項目として具体的にどのようなものが考えられるかについては，世界共通の合意されたリストがあるわけではありませんが，例えば，2015年の国連サミットにおいて採択されたSDGsの17のゴールと169のターゲットや，従来からサステナビリティ関連情報の報告基準として広く知られているSASBスタンダードおよびGRIスタンダードで定められているトピック等が参考になるものと考えられます。

Q2 従来のサステナビリティ関連情報の開示

従来，サステナビリティ関連情報は，企業によってどのように開示されていたのでしょうか？

A. 従来，サステナビリティ関連情報は，主に，企業が任意で開示する報告書やウェブサイト等に掲載されており，投資家向けに公表される報告書（有価証券報告書を含む）において開示されることは多くありませんでした。

解説

従来，サステナビリティ関連情報は，主に，企業が任意で開示する報告書やウェブサイト等に掲載されていました。

1　企業が任意で作成する報告書

企業は，法定報告書以外の報告書を任意で作成し，有価証券報告書上の情報を補完したり，投資家以外の様々なステークホルダー向けに詳細な情報を発信したりしています。このような報告書の例としては，「統合報告書」や，環境・サステナビリティ情報に焦点を当てた報告書（例：「環境報告書」，「CSR報告書」，「サステナビリティ報告書」）等が挙げられます。

「統合報告書」は，企業の財政状態や経営成績等を表す財務情報とサステナビリティ関連情報等の非財務情報を統合し，投資家や融資者等の財務資本の提供者に対して，企業が中長期にわたりどのように価値を創造，保全または毀損するかについて説明することを目的に公表される報告書です。

統合報告書作成の際の指針として，国際統合報告評議会（現在は，合併してIFRS財団となっている）から「国際統合報告フレームワーク」が公表されています。「国際統合報告フレームワーク」は，詳細な開示項目とその開示方法が定められた基準ではなく，考え方の枠組みを示すフレームワークの形式をとっています。そのため，「統合報告書」上の各社のサステナビリティ関連情報の記載方法は，企業が自社の価値創造プロセスを語るうえで適切と考えられる方法で行われており，特に決まった形式はありません。

「CSR報告書」や「サステナビリティ報告書」等は，環境や社会問題等のESGをめぐる諸課題に対する自社の取組み・活動内容等のCSR情報やサステナビリティ情報を社外に向けて発信するために企業が作成する報告書です。これらの報告書についても決まった形式があるわけではなく，企業により呼び方も様々です。報告書の作成に際してサステナビリティに関する各基準設定主体が公表した基準やフレームワークを参考にしているものもあれば，国際的なサステナビリティ関連情報の開示のあり方の議論も踏まえ，先進的な取組みを試行しているものもあります。

企業によるこれらの任意開示は，一般に法定報告書である有価証券報告書が開示された後，数か月してから公表されます。また，報告書内の特定の指標（例：GHG排出量やダイバーシティに関する指標等）について，任意で第三者による保証を受けている例も見られます。

2　ウェブサイト

自社のウェブサイト上で「サステナビリティ」等の名称を付したページを設ける企業が増えています。KPMGが2023年４月に公表した「日本の企業報告に関する調査2022」によれば，日経225構成銘柄のうち99.6％の企業がウェブサイト上に「サステナビリティ」または「ESG」，「CSR」，「環境」，「社会」等の名称を付けた独立したページを設け，サステナビリティ情報をまとめて提供しています。これらのページの情報は，企業が独立して発行している統合報告書やサステナビリティ報告書，CSR報告書等と同じ内容を集約しているものもあれば，それらを補完する形でさらに詳細なデータ等を提供しているものもあります。

3　投資家向けの報告書

従来，サステナビリティ関連情報は，上述のように，任意の報告書やウェブサイトにおいて開示されている一方で，有価証券報告書においては，それほど開示されていませんでした。

しかし，最近では，これらの情報が投資家向けに公表される報告書において開示されることが投資家にとって有用という考え方が，国内外において急速に拡がっています。

日本では，従来，重要なサステナビリティ関連情報を有価証券報告書の記述情報の「経営方針，経営環境及び対処すべき課題等」や「事業等のリスク」，「経営者による財政状態，経営成績及びキャッシュ・フローの状況の分析」等において開示している例もありました。ただし，その開示方法については，あるサステナビリティ関連情報が複数の項目に分散して記載されていたり，同じ種類のサステナビリティ関連情報であっても，企業によって開示箇所が異なったりする事例が見られる状況となっており，明瞭性や比較可能性の観点での課題が指摘されていました。

このような指摘を踏まえ，2023年１月に公布された「企業内容等の開示に関する内閣府令」では，有価証券報告書にサステナビリティ情報の記載欄を新設し，核となるサステナビリティ情報を当該記載欄に記載するとともに，人的資本および多様性について一定の開示を行うことが求められています。詳細については，**Q78**をご参照ください。

Q3 サステナビリティ関連情報の作成において参照されてきたフレームワークや報告基準

従来，サステナビリティ関連情報は，どのようなフレームワークや報告基準を参照して作成されていたのでしょうか？

A. 従来，企業によるサステナビリティ関連情報は任意で作成されており，そのための指針として，様々な団体から多くのフレームワークや報告基準が公表されていました。

広く知られているものとして，例えばGRIスタンダード，SASBスタンダード等が挙げられます。

解　説

従来，企業によるサステナビリティ関連情報は任意で作成されており，そのための指針として，様々な団体から多くのフレームワークや報告基準が公表されていました。そのなかでも広く一般に知られているものとして，例えば**図表3－1**に記載のものがあります。

図表3－1に記載されている各基準・フレームワークのうち，国際統合報告フレームワーク，SASBスタンダード，CDSBフレームワークおよびTCFD提言に基づくフレームワーク（以下，「TCFD提言」という）は，IFRSサステナビリティ開示基準と同様に，投資家等の財務資本の提供者を主な想定利用者としています。そのため，投資家等の経済的意思決定に影響を与えるサステナビリティ・トピック，すなわち企業の将来の見通しに影響を与えるサステナビリティ・トピックに焦点が当てられています。

他方，GRIスタンダード，ステークホルダー資本主義指標およびESRSは，投資家のみならず経済・社会・人々といった，より広範囲のマルチステークホルダーを主な想定利用者としています。そのため，企業の将来の見通しにとって重要性のあるサステナビリティ・トピックにとどまらず，企業が経済・社会・人々に対して重要な影響を及ぼすサステナビリティ・トピックにも焦点が当てられています。

図表３－１ 主なサステナビリティ関連のフレームワークおよび報告基準

	GRI スタンダード	国際統合報告フレームワーク	SASB スタンダード	ステークホルダー資本主義指標（SCM）	CDSB フレームワーク	TCFD 提言	ESRS
基準設定主体	GRI: Global Reporting Initiative	IIRC: International Integrated Reporting Council（※2）	Sustainability Accounting Standards Board（※2）	世界経済フォーラム（WEF）・国際ビジネス評議会（IBC）	Climate Disclosure Standards Board	Task Force on Climate-related Financial Disclosure	欧州財務報告諮問グループ（EFRAG）および欧州委員会
初版公表	2000年	2013年	2018年	2020年	2015年	2017年	2023年
主な想定利用者	マルチステークホルダー	投資家	投資家	マルチステークホルダー	投資家	投資家	マルチステークホルダー
主な開示項目	記述および指標	記述	指標	指標	記述	記述および指標	記述および指標
対象範囲	広範囲 -サステナビリティ関連トピック	包括的 -より幅広い企業報告	広範囲 -サステナビリティ関連トピック	広範囲 -人々，地球，繁栄，ガバナンスの原則	広範囲 -気候変動，水，生物多様性，社会トピック	限定的 -気候変動のみ	広範囲 -サステナビリティ関連トピック
主なポイント	• 歴史的に最も広範囲で適用されているサステナビリティ・フレームワーク • 企業が経済，環境または社会に与える影響に焦点を当てている	• TCFDおよびSASBなどによるコンテンツベースのフレームワークを補完 • 企業価値の創出にとって重要性があるものに焦点を当てた統合報告書作成のフレームワーク	• 11セクター・77業種別の開示トピックおよび指標を提供 • IFRS S2号に付随する産業別適用ガイダンスはSASBスタンダードを基礎としている	• GRIやSASB等の既存の基準等に基づく記述的な産業横断的指標を提供	• 環境および社会に関する情報の開示のためのフレームワーク • TCFD提言との間に強い整合性あり • TCFD提言と異なり，気候変動以外のトピックも対象	• 気候変動関連財務情報について，4つの柱からなる11の開示推奨項目およびサポートガイダンスを提供	• CSRD（※1）に基づく，欧州サステナビリティ報告基準 • 広義の重要性の定義を採用

（※1） CSRD：Corporate Sustainability Reporting Directiveの略であり，欧州域内および域外企業に対してサステナビリティ報告を求める指令。ESRS：European Sustainability Reporting Standardsの略であり，CSRDの下位法令として，具体的なサステナビリティ開示事項を定めている。

（※2） IIRCとSASBは2021年６月に統合してVRFとなり，その後，VRFとCDSBは2022年６月にIFRS財団と統合。

（出所：KPMGのSustainability reporting – First Impressions（2023年７月）に基づき作成）

Q4 サステナビリティ関連情報に対するニーズの高まり

サステナビリティ関連情報に対する関心が急速に高まっているのはなぜでしょうか？

A. サステナビリティ関連情報に対する関心が急速に高まっている背景の１つとして，気候変動に対する危機感の高まりが挙げられますが，最近では，それ以外のその他の環境や社会に関連するサステナビリティ課題についても広く関心が高まっています。また，投資手法としてESG投資が普及してきたことも背景の１つに挙げられます。

さらに，サステナビリティ課題への対応が企業経営にとって重要との認識も広がっており，自社の取組みの進捗状況を確認する観点から，取締役会や経営者等による関心も高まっています。

解説

1　気候変動問題に対する危機感とサステナビリティ関連情報への関心の高まり

サステナビリティ関連情報に対する関心の高まりの背景の１つとして，気候変動問題に対する危機感が急速に高まっていることが挙げられます。気候変動については，従来から対処すべき重要な課題として認識されており，将来世代に対して負の遺産を残さないという考え方の下，様々な取組みが行われていましたが，特に2000年代に入って以降は，喫緊の課題としての認識が急速に高まってきています。

また，持続可能な社会の実現のために対処すべき課題は，気候変動のみにとどまるものではありません。他にも水資源，森林，生物多様性等の環境問題や，人的資本，人権，ダイバーシティ・エクイティ・インクルージョン（DEI）をはじめとする社会的な課題等，多くの課題に適切に対応していくことが重要となります。そのため，最近では，気候変動関連情報に加えて，広くその他のサステナビリティ関連情報に対する関心も高まってきており，これらを踏まえて持続可能な社会に向けての国際的な取組みが加速しています。

例えば，2015年には，国連サミットにおいて持続可能な開発目標である「SDGs」が採択されました。SDGsは，国や地域，企業および個人それぞれが，その達成に向けて努力すべき世界共通の目標です。SDGsで示された目標は，環境や社会についての地球的優先課題に関するものであり，企業はこれらに貢献することが大きく期待されています。また，これらの目標に対する適切な戦略を立案し実行することで，企業自身の持続可能な成長のための企業価値を向上させることが可能となると考えられています。

また，同じく2015年に，第26回気候変動枠組条約締約国会議（COP26）において「パリ協定」が採択されました。パリ協定は，気候変動に対応するために達成すべき世界共通の長期目標を定めています。この目標を達成するための脱炭素化社会への移行には，多額の資金が必要とされており，民間の資金をサステナブルな社会の実現に振り向けるためのサステナブルファイナンスも急速に拡大しています。

こうした地球および社会のサステナビリティに向けたグローバル規模での取組みを踏まえ，各国・地域は，その実現に向けて様々な施策を打ち出しています。金融安定化の維持の観点から金融監督当局からも強い関心が示されるようになってきています。さらに，投資家や環境団体主導の様々なイニシアティブが発足し，活発に活動を行っています。

2　サステナビリティ関連情報と企業評価

企業に対して財務資本の提供を行う投資家や融資者は，投資や融資の実行に関する意思決定に際し，企業の現在および短・中・長期にわたる見通しを考慮します。近年，この検討に際しては，財務諸表を中心とした分析に加えてサステナビリティ関連情報を考慮することが重要という認識が広まっています。

この背景の1つとして，2006年に「責任投資原則」（PRI）が発足し，また金融危機等に起因してより長期的な視点での投資が行われるようになったことなどをきっかけとして，投資の分析や意思決定にESG課題を組み入れるESG投資が急速に拡大したこと（「**Column②　ESG投資の拡がり**」参照）が挙げられます。このような投資スタイルにおいては，企業および社会の持続可能な発展が注目され，企業の見通しに関する情報が，より考慮される傾向にあります。

企業は，気候変動，水資源，生物多様性等の環境に関する課題や，人権，ダイバーシティ，サプライチェーン・マネジメント等の社会的な課題等，経営の根幹にかかわる多くの課題に直面しています。企業がこれらの課題を適切に認識しているか否か，認識している場合どのような戦略をもって対応しているかは，企業の将来の見通しに大きな影響を及ぼします。また，企業の価値創造の大きな源泉となっているものとして，ブランドやノウハウ等の知的財産や人的資本等が挙げられますが，現在の企業会計上，これらの無形の「資産」は，その大部分が財務諸表の数字には反映されておらず，財務諸表の情報のみでは，それらの状況や見通しについて読み取ることは難しいと考えられます。

財務情報とともにサステナビリティ関連情報を考慮することにより，投資家等は企業の見通しをより適切に評価することが可能となります。

3　企業経営とサステナビリティ関連情報

近年，企業経営の観点からもサステナビリティ課題への取組みの重要性が認識されるようになってきており，取締役会や経営者等からの関心も一層高まっています。サステナビリティ課題に対応することは，持続可能な企業経営に直結する経営の根幹にかかわるものであり，企業自身の成長性のための活動でもあるという認識が広がり，企業は，以前と比べ，より積極的にサステナビリティ課題に取り組むようになっています。

また，そうした自社の取組みについて周知するため，最近では，多くの企業が，気候変動課題をはじめとするサステナビリティ課題に関する方針や目標，取組状況について，様々な媒体を通じて公表するようになっています。

Column
②

ESG投資の拡がり

ESG投資とは一般に，財務情報に加えてESG（環境，社会，ガバナンス）の要素を考慮して行われる投資をいいます。ESG投資は，2006年に国連が公表した責任投資原則（Principles for Responsible Investment, PRI）（以下「PRI原則」という）により，広く行われるようになったと考えられます。

PRI原則は，機関投資家に対して，投資分析と意思決定にあたりESG要素を考慮することや，投資対象企業にESG課題の適切な開示を働きかけることなど，ESG投資を行う際の６つの原則を提示し，ESG課題を組み込んだ投資プロセスが確立されることが持続可能な国際金融システムの構築につながると提言しました。このPRI原則の公表後，賛同する投資家がPRI原則に署名し，ESG投資の実施および活動状況や進捗状況の開示・報告が進んでいきました。

PRI原則に賛同した投資家数は，公表初年度は100機関弱だったところ，５年後の2011年には1,100機関弱に，10年後の2016年には1,800機関強となり，直近（2023年12月時点）では5,300機関以上に達しています。

2015年に国連総会で採択された「持続可能な開発目標」（SDGs）には，例えば「気候変動に具体的な対策を」（目標13），「ジェンダー平等を実現しよう」（目標５）のように，ESG投資において考慮されるESG課題との関連性が高い目標が多く含まれています。SDGsの採択により，SDGsを達成するためにESG課題に積極的に取り組む企業が増加し，ESG課題に取り組む企業に対するESG投資が拡大するという動きにつながったと考えられます。

日本では，2015年にGPIF（年金積立金管理運用独立行政法人）がPRI原則に署名したことが契機となり，ESG投資が本格化したと考えられます。また，2020年に改訂されたスチュワードシップ・コードにおいて，投資家に対して，社会・環境問題に関連するリスクまで含めて投資先企業の状況把握の実施が言及されたことも，ESG投資の拡大を後押ししていると考えられます。日本の投資家のESG投資による運用資産残高（Sustainable investing assets）は，2020年度で2.87兆米ドルとなり，総運用資産残高（Total managed assets）の約24％を占めています（Global Sustainable Investment Alliance「Global Sustainable Investment Review 2020」）。これは，2016年度と比較して約６倍の規模となっています。

Q5 サステナビリティ関連情報の開示に係るフレームワークや基準の統合

サステナビリティ関連情報の開示に係るフレームワークや基準の統合に向けて，近年，どのような動きがあったでしょうか？

A. **サステナビリティ関連情報の開示に係るフレームワークや基準の統合に向けて，ISSBの設立に先立ち，サステナビリティ関連開示の主な基準設定主体として知られていた5団体による協働の取組みがありました。**

解説

近年，様々なサステナビリティ関連報告に係る基準やフレームワークが公表され乱立状態にあったことから，どの基準・フレームワークを採用すればよいのか，各基準・フレームワークの違いは何なのかなどについて，作成企業や利用者に混乱が生じていました。

この状況を解決するため，主なサステナビリティ関連団体のうち，国際統合報告評議会（IIRC），サステナビリティ会計基準審議会（SASB），Global Reporting Initiative（GRI），気候変動開示基準審議会（CDSB），およびCDPの5団体は2020年9月に，それぞれの基準やフレームワーク等の共通点と類似点を整理し，整合性の向上を目指して協働する旨の共同声明を公表しました。その後，これらの5団体は，TCFDが示した諸側面に焦点を当て，それぞれのフレームワーク等をどのように統合することができるかを検討し，2020年12月に1組の国際的なサステナビリティ開示基準の開発の基礎となるプロトタイプを公表しました。

このような整合性の向上に向けた動きが始まるなか，IFRS財団も2020年9月に，国際サステナビリティ基準審議会（ISSB）の設立についての提案を行いました。この提案は，各方面から多くの支持を受け，IFRS財団はISSB設立に向けて，IFRS財団を議長とし，CDSB，国際会計基準審議会（IASB），価値報告財団（VRF），TCFDおよび世界経済フォーラム（WEF）から構成されるTechnical Readiness Working Group（TRWG）を設置し，上記5団体やTCFD

等の既存のサステナビリティ関連開示に関する団体が開発した成果物（上記の５団体によるプロトタイプを含む）を基礎とする基準開発に着手しました（**図表５-１**参照）。ISSBの設立とIFRSサステナビリティ開示基準の開発の背景に関するより詳しい情報については，**Q６**をご参照ください。

図表５－１　主なサステナビリティ関連開示に関する団体の協働の動き（ISSB設立まで）

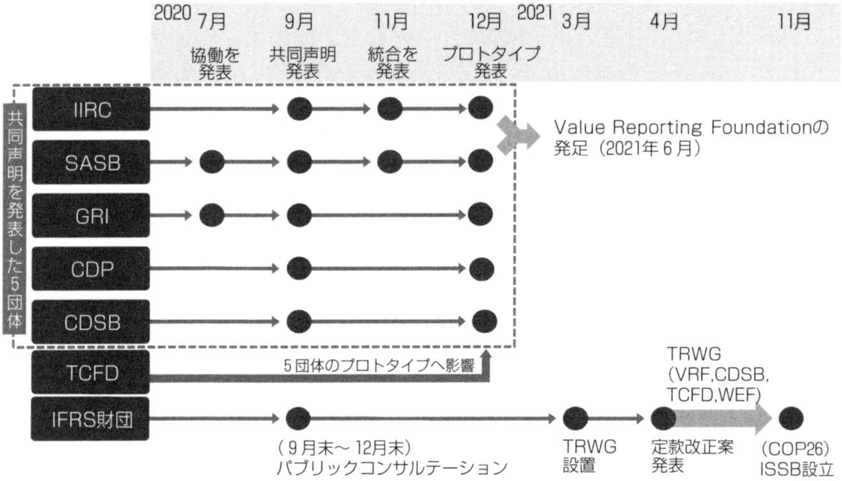

（出所：経済産業省「サステナブルな企業価値創造のための長期経営・長期投資に資する対話研究会（SX研究会）第一回事務局資料」を参考にKPMG作成）

Q6 IFRSサステナビリティ開示基準の開発の背景

サステナビリティ関連情報の開示に係るフレームワークや基準の統合に向けた動きにもかかわらず，なぜ，IFRSサステナビリティ開示基準が開発されることとなったのでしょうか？

A. **サステナビリティ関連情報の開示についてグローバル・ベースライン（Q9参照）として適用可能な基準開発の必要性が広く認識されるようになったことを踏まえ，IFRSサステナビリティ開示基準が開発されることになりました。**

解　説

1　比較可能なサステナビリティ報告基準に対するニーズの高まり

サステナビリティ関連情報に対するニーズの高まりとともに，数多くの組織や団体によって，サステナビリティ関連情報を報告するための独自の枠組みが開発されました。そのなかには，サステナビリティ報告に関する原則を定めたフレームワークもあれば，開示すべき項目について具体的に定めた基準の形をとるものもありました。また，環境や社会等のサステナビリティ課題を対象としているものもあれば，気候変動のみに焦点を当てたものもありました。さらに，投資家を主な想定利用者としているものもあれば，従業員やコミュニティ等のより広い範囲のステークホルダーを想定利用者としているものもありました。

このように様々なフレームワークや基準が存在すると，企業サイドにおいては，どのフレームワークまたは基準を用いる（または併用する）べきかについて混乱が生じます。また，利用者サイドにおいても，様々なフレームワークや基準に従った報告が行われることにより，情報を入手したとしても他社比較が容易ではなくなります。このような状況の下，投資家，企業，中央銀行，規制当局，監査人等，様々なステークホルダーから，一貫して比較可能な方法でサステナビリティ関連情報を報告するための基準開発を要望する声が高まりました。

2　IFRS財団評議員会によるコンサルテーションペーパー

上述のような状況を解決することが急務であるとの判断の下，IFRS財団評議員会は2020年９月に，IFRS財団の下にIASBとは別に，サステナビリティに関する報告基準を開発するための審議会であるISSBを設置することについてコンサルテーションペーパーを公表し，各ステークホルダーからの意見を募集しました。

IFRS財団は，その傘下にあるIASBがすでに財務報告の領域において，高品質で理解可能な財務報告基準であるIFRS会計基準を策定しており，当該基準は非常に多くの国や地域において適用（コンサルテーションペーパーが公表された2020年９月時点で，144の国や地域において導入）されています。会計基準の開発で培われた専門性や基準設定プロセスは，サステナビリティ報告をめぐる混乱を低減し，一貫したサステナビリティ報告基準の開発に資するものと考えられました。意見募集の結果，IFRS財団が新たな審議会を設置し，一貫した比較可能なサステナビリティ報告の開発に着手するという提案に対し，G20および証券監督者国際機構（IOSCO）を含む各方面のステークホルダーから広範な賛同が表明されました。また，これを早急に進めていくべきであるという認識も確認されました。

また，IFRS財団は，既存の基準設定主体と協働し，2021年３月にTechnical Readiness Working Group（TRWG）を設置しました。TRWGにおける検討は，基準のプロトタイプとしてまとめられ，新規に設立されたISSBは，当該プロトタイプを出発点としてIFRSサステナビリティ開示基準の開発に着手しました。

図表６－１　IFRSサステナビリティ開示基準の開発

・既存の基準設定主体が策定したフレームワーク・基準を基礎として開発
・IFRS財団が会計基準の開発で培った専門性や基準設定プロセスを活用
・一貫した比較可能なサステナビリティ報告のための報告基準に対するニーズの高まりに対応

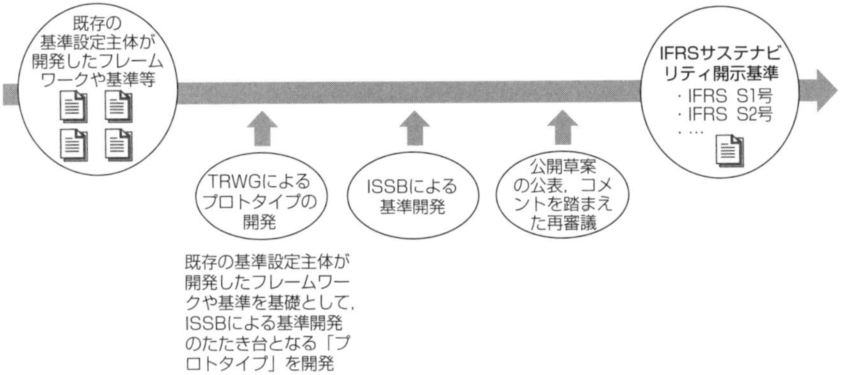

（出所：IFRS財団のウェブサイト等の情報に基づきKPMG作成）

1－2　基準設定主体-ISSB

Q7 ISSBとは

IFRSサステナビリティ開示基準の設定主体であるISSBとはどのような組織でしょうか？

A. ISSBは，サステナビリティ開示基準の開発を目的として2021年11月にIFRS財団内に新たに設置された基準設定主体です。

ISSBは，多様なバックグラウンドや地域的なバランスにも配慮された最大14名のメンバーから構成されており，費用対効果が高く，意思決定に有用で市場の意見を取り入れた基準開発を行うことにコミットしています。

解説

1　ISSBとは？

2021年11月に英国グラスゴーで開催された第26回気候変動枠組条約締約国会議（COP26）において，IFRS財団評議員会によって，投資者のニーズを満たす高品質なサステナビリティ開示基準を開発することを目的として国際サステナビリティ基準審議会（International Sustainability Standards Board，ISSB）を設置することが発表されました。

ISSBは，**図表7－1**のとおり，高品質かつグローバルな財務報告基準やサステナビリティ開示基準の開発とその普及を目的とした非営利組織であるIFRS財団内に設置されています。

このような組織体制の下，ISSBは，サステナビリティ開示基準の設定主体として，費用対効果が高く，意思決定に有用で市場の意見を取り入れた基準開発を行うことにコミットしています。

図表7－1　IFRS財団のガバナンス構造とISSB

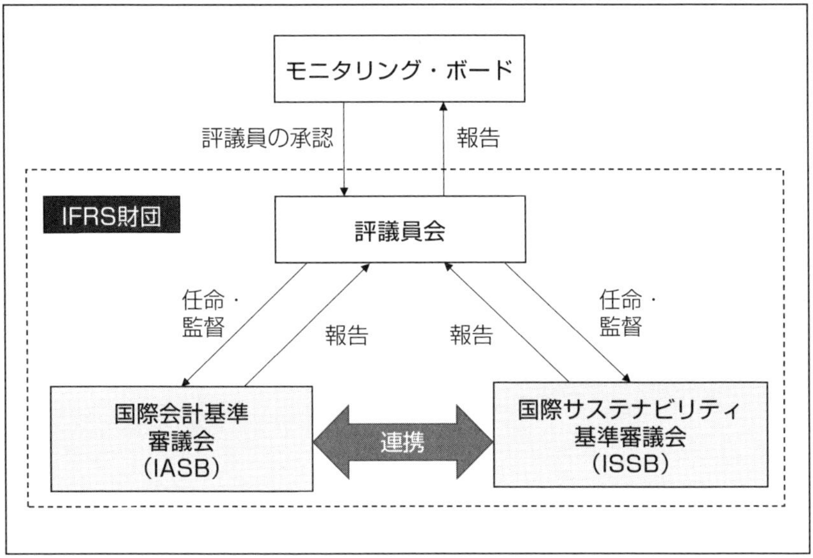

（出所：IFRS財団のウェブサイト“Our structure”に基づきKPMG作成）

2　メンバー構成

ISSBのメンバーは，IFRS財団評議員会により任命されます。メンバーには，サステナビリティ報告に関連する高度な専門能力や最近の専門的経験が必須とされており，会計やサステナビリティ報告の専門家，サステナビリティ報告の作成者や利用者，学者など多様なバックグラウンドを有する個人が任命されています。さらに，メンバーの国際的なバランスにも配慮がなされており，以下のように各地域から最大14名（うち，議長および副議長が1名ずつ）が任命されます。

- アジア・オセアニア地域から3名
- 欧州から3名
- アメリカ大陸から3名
- アフリカから1名
- 任意の地域から4名

日本からは年金積立金管理運用独立行政法人（GPIF）のスチュワードシップ・ESG部門を統括していた小森博司氏が初代メンバーの１人として任命されています。

メンバーの任期は５年，再任が最長で５年とされていることから，個人の任期は最長で10年となります。

Q8 ISSBと他のサステナビリティ関連基準設定主体との関係

ISSBとサステナビリティ関連情報の開示に関する既存の基準設定主体との間には，組織的な関係がありますか？

A. はい。ISSBの設置に先立ち，IFRS財団はサステナビリティ財務情報に関する既存の基準設定主体のいくつかを統合しています。

これは，既存のサステナビリティ関連の基準設定主体が有する技術的な専門知識やコンテンツ，スタッフおよびその他リソースを活用するとともに，これらの主体が開発した基準やフレームワーク等を新しいサステナビリティ開示基準の開発の基礎とすることを意図したものです。

解説

IFRS財団は，既存のサステナビリティ関連開示の基準設定主体が有する技術的な専門知識やコンテンツ，スタッフおよびその他リソースを活用するとともに，これらの主体が開発した基準やフレームワーク等を新しいサステナビリティ開示基準の開発の基礎とすることを意図して，以下のように組織を統合しています。

図表8－1　IFRS財団と他のフレームワーク設定主体との統合の変遷

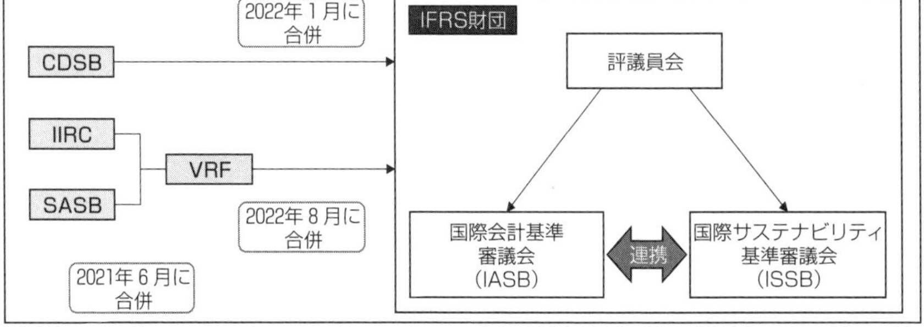

（出所：IFRS財団のウェブサイト掲載情報を参考にKPMG作成）

- 2022年1月：気候変動開示基準委員会（CDSB）を統合
- 2022年8月：価値報告財団（VRF）を統合

以下，IFRS財団が統合した各組織の概要およびそれぞれの組織が開発したフレームワークや基準等について簡単に解説します。

1 CDSB

CDSBは，気候変動開示基準委員会（Climate Disclosure Standards Board）の略称であり，企業の気候変動情報開示の標準化を目指し，気候変動情報開示の開示フレームワークを提供する目的で，CDP（Carbon Disclosure Project）を含む8団体のパートナーシップにより構成された国際的な団体です（2007年設立）。

CDSBは，2015年に気候変動に係る情報を有価証券報告書等の制度開示書類のなかで報告するための枠組みであるCDSBフレームワークを公表しました。当該フレームワークは，その後も適宜改訂されており，最新版は2022年1月に公表されています。当該最新版は，市場の変化と利用者のニーズを踏まえ，気候変動を含む環境（E）に加えて社会（S）に関する情報も対象としたフレームワークとなっています。CDSBは，また，気候変動，水，生物多様性，社会について，当該フレームワークの適用ガイダンスも公表しています。

気候変動に係るCDSBフレームワークの開示要求は，TCFD提言に基づく開示項目と整合的な内容となっており，気候変動以外のトピックについてもTCFD提言と整合的な開示を行う際の参考になるものと考えられます。CDSBフレームワークの適用ガイダンスは，ISSBが個別テーマを含むIFRSサステナビリティ開示基準を開発するまでは，引き続き有用な参照先であるとされています。

2 VRF

VRF（Value Reporting Foundation）は，2021年6月に国際統合報告評議会（IIRC）とサステナビリティ会計基準審議会（SASB）が統合して設立された財団です。VRFは，2022年8月にIFRS財団に統合されています。その結果，VRFが維持していた「国際統合フレームワーク」と「SASBスタンダード」は，いずれもIFRS財団が維持することとなり，特に「SASBスタンダード」は，

IFRSサステナビリティ開示基準を開発する際の産業別ガイダンスの基礎となっています。

(1) IIRC

IIRCは，2010年に設立されたInternational Integrated Reporting Council（国際統合報告評議会）の略称であり，企業の価値創造能力に影響する情報のより効果的・効率的な報告を支援するためのフレームワークを提供する目的で，規制当局，投資家，企業，基準設定主体，会計専門家，学識者およびNGOによって構成された国際的な連合組織です。

IIRCは「統合的思考」という考え方に基づく情報開示を提唱しています。これは，過去の財務情報などの結果を中心とする従来型の報告とは異なり，企業の持続的な価値創造に焦点を当てた報告のあり方を提唱するものです。また，「統合的思考」の考え方においては，資本が幅広い概念として捉えられており，財務資本に加えて，人的資本，製造資本，知的資本，自然資本，社会関係資本が，企業価値を創造する資本であるとされています。企業は，これらの資本をビジネスモデルへのインプットとし，それらを事業活動を通じて製品やサービス，廃棄物等の様々なアウトプットに変換します。これにより，プラスまたはマイナスのアウトカムがもたらされることになります。利益の獲得（財務資本の増加）やブランド力の向上（社会関係資本の増加）のようなプラスのアウトカムが生じる場合，企業価値が創造されます。他方，大気汚染（自然資本の毀損）のようなマイナスのアウトカムが生じる場合には，企業価値がその分毀損されることになります。

IIRCは，企業がビジネス環境の変化に伴うビジネスリスクや機会を踏まえ，幅広い資本概念に基づく情報（財務情報および非財務情報）を統合して短期・中期・長期にわたる企業価値創造のストーリーを簡潔に報告することを提唱しています。これより投資家等のステークホルダーに，過去・現在・将来の企業の姿についての適切な理解を促すことができると考えられています。このような考え方を体現したものとして，2013年12月に，統合報告書の作成に係る指導原則や内容要素をまとめた国際統合報告（IR）フレームワークが公表されています（2021年１月に改訂版公表済み）。

IIRCは，フレームワークの公表後，世界の企業，投資家，規制当局，証券取引所，学者等に対して，統合報告の有用性を説明する活動を継続しました。その結果，現在では，世界各国において多くの企業が統合報告書を発行するようになっています。

(2) SASB

SASBとはSustainability Accounting Standards Board（サステナビリティ会計基準審議会）の略称であり，サステナビリティ関連情報が財務に及ぼす影響に関する情報開示の質の向上に寄与し，中長期視点での投資家等の意思決定に貢献することを目的として2011年に米国サンフランシスコを拠点に設立された非営利団体です。

SASBは，ある産業に属する企業にとって財務に及ぼす影響が大きいと想定されるサステナビリティ項目に関連する情報を開示するための産業別開示基準であるSASBスタンダードを策定し，11セクター77業種向けの基準を公表しています。

SASBスタンダードの各基準書の概要は，**図表８－２**のとおりです。

図表８－２ SASBスタンダードの概要

SASBスタンダード （11セクター77業種の産業別基準）				
各基準書の概要	1.	序章	・SASBスタンダードの目的 ・SASBスタンダードの概要 ・基準の使用	業種共通
			・業界の説明	業種固有
	2.	開示トピックおよび会計指標	・表１：開示トピックおよび会計指標 ・表２：活動指標 以後，各開示トピックごとに， － トピックサマリー － 会計指標に関するガイダンス （技術的プロトコル）	業種固有

（出所：SASBスタンダードに基づきKPMG作成）

SASBスタンダードで示されている11セクター77業種については，**図表70－**

1「SICS-11セクター，77業種」をご参照ください。また，「開示トピック」，「会計指標（＝指標)」，「活動指標」の説明については，**Q75**をご参照ください。

Q9 ISSBによる基準開発の方針

ISSBは，IFRSサステナビリティ開示基準の開発にあたって，どのような方針を示していますか？

A. ISSBは，IFRSサステナビリティ開示基準の開発に際して，以下の４つに関する事項を主な方針として掲げています。

- グローバル・ベースライン
- 投資家の情報ニーズの充足
- 企業による包括的な情報提供の支援
- 相互運用性（interoperability）の充足

解説

ISSBは，高品質かつグローバルなサステナビリティ開示基準の開発に向けて，費用対効果が高く，意思決定に有用で市場参加者の見解を取り入れた基準開発を行うことにコミットしており，以下の４つをサステナビリティ開示基準の開発に際しての主な方針として掲げています。

- グローバル・ベースラインとなるサステナビリティ開示基準を開発すること
- 投資家の情報ニーズを満たすような基準とすること
- 企業がグローバルな資本市場向けに包括的なサステナビリティ関連情報を提供するのに資するような基準とすること
- 各国地域に固有の開示および／またはより広いステークホルダー・グループに焦点を当てた開示との間の相互運用性を促進すること

1 グローバル・ベースラインとなる基準の開発（ビルディング・ブロック・アプローチの採用）

サステナビリティ関連情報の開示については，まだ制度が導入されていない国も多く，また一定の開示が要求されている場合であっても，その内容は法域の事情を反映したものであり，法域により異なると考えられます。

そこで，ISSBは，IFRSサステナビリティ開示基準をグローバルで比較可能なサステナビリティ報告の土台となるベースライン（グローバル・ベースライン）として提供し，各法域における固有の開示規則を各法域が独自の判断で当該ベースラインの上にブロックのように積み上げていく方法（ビルディング・ブロック・アプローチ）（**図表9－1**参照）を採用することとしています。これは，各法域において求められる開示事項をIFRSサステナビリティ開示基準に追加できるという柔軟性をもたせることで，各法域でIFRSサステナビリティ開示基準を採用しやすいようにするための工夫といえます。

図表9－1　ビルディング・ブロック・アプローチのイメージ

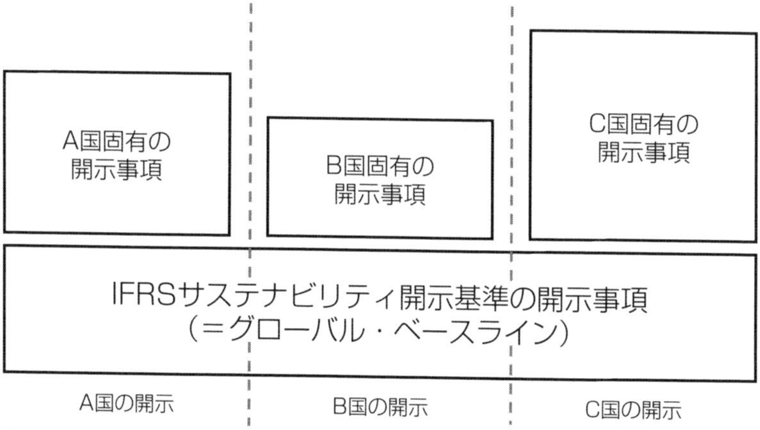

（出所：IFRS財団のウェブサイト等の情報に基づきKPMG作成）

2　投資家の情報ニーズの充足

サステナビリティ関連情報の利用者やその利用目的は様々ですが，ISSBは，IFRSサステナビリティ開示基準の主な利用者を投資者，融資者およびその他の債権者（以下，「投資家等」という）としており，サステナビリティ開示基準の開発にあたっては，企業に資源を提供するか否かに関する投資家等の意思決定に有用なサステナビリティ関連情報の提供に焦点を当てています。

3　企業による包括的な情報提供の支援

ISSBは，IFRSサステナビリティ開示基準に従って開示を行うことにより，企業が，グローバルな資本市場において投資家等により求められている情報を包括的かつ効率的に開示できるように，基準開発を行うこととしています。また，IFRS財団のウェブサイト内に，企業がIFRSサステナビリティ開示基準を適用するのに役立つリソースを集めた「ISSB Knowledge Hub」を開設し，企業による適用を支援することとしています。

4　相互運用性の促進

ISSBは，IFRSサステナビリティ開示基準をグローバル・ベースラインとなる基準として開発していますが，当該基準を自国や地域内で採用するか否かは，各法域の判断となります。サステナビリティ関連情報は，各国・地域それぞれで求められている内容があります。また，投資家等のみではなく，より広いステークホルダーを対象とした開示が求められている場合や，強制ではなくても企業が任意でそのようなステークホルダー向けの開示を行うケースも考えられます。そのため，ISSBは，IFRSサステナビリティ開示基準で求められる開示情報と各国・地域で求められる開示情報および（または）より広いステークホルダー向けの開示情報との間の相互運用性（interoperability）を促進することとしています。

こうした背景を踏まえ，ISSBは，主要な法域の代表とIFRS財団の代表から構成されるワーキング・グループを設置し，それぞれのサステナビリティ開示に対する取組みに関する相互運用性の向上に向けた対話を進めています。また，2022年３月にはIFRS財団とGRIが基準策定において協働することに合意するなど，相互運用性の促進に向けた取組みが行われています。

Q10 ISSBとIASBの関係

ISSBとIASBの関係について教えてください。

A. ISSBは，IFRS会計基準の設定主体であるIASBとともに，IFRS財団の傘下にあります。このため，一般目的財務報告の基準設定主体として基準の開発や改訂に際して相互に連携することが期待されています。

解　説

IFRSサステナビリティ開示基準の設定主体であるISSBは，IFRS会計基準の設定主体であるIASBとともに，IFRS財団の傘下にあります。

図表10－1　IFRS財団のガバナンス構造

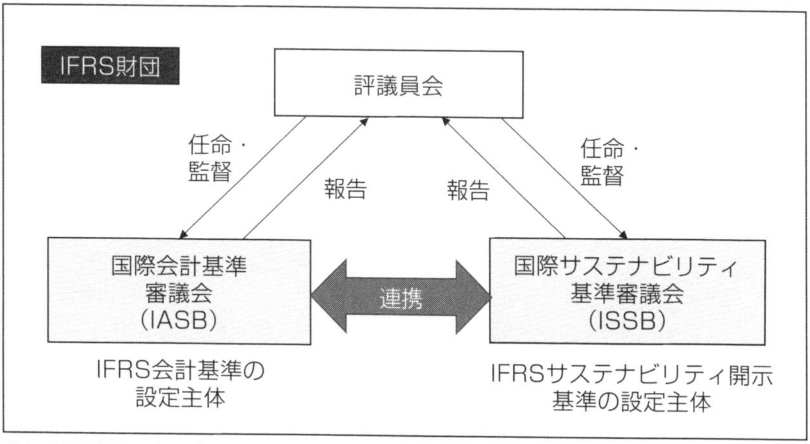

（出所：IFRS財団のウェブサイト“Our structure”に基づきKPMG作成）

IASBとISSBの主な役割は，一般目的財務報告の基準設定主体として，それぞれIFRS会計基準とIFRSサステナビリティ開示基準を開発し普及に尽力することです。

IASBとISSBは，投資者，融資者およびその他の債権者に対して包括的な情報が提供されるように連携し，IFRS会計基準とIFRSサステナビリティ開示基準の間の関連性（Connectivity）や相互補完性（Compatibility）を確保していくことが期待されています。

1－3　IFRSサステナビリティ開示基準

Q11　IFRSサステナビリティ開示基準とは

IFRSサステナビリティ開示基準はどのような基準ですか？

A.　IFRSサステナビリティ開示基準は，投資家等を想定利用者とするサステナビリティ関連財務情報の開示に関する基準です。

これまでに，全般的な要求事項について定めたIFRS S1号と気候関連開示について定めたIFRS S2号が公表されています。

解説

IFRSサステナビリティ開示基準は，投資家，融資者およびその他の債権者等を想定利用者とし，これらの利用者が企業への資源提供に関連する意思決定を行う際に有用な，サステナビリティ関連財務情報の開示に関する基準です。

ISSBは，2023年６月に以下２つの基準を公表しています。

- IFRS S1号「サステナビリティ関連財務情報の開示に関する全般的要求事項」
- IFRS S2号「気候関連開示」

IFRS S1号は，IFRS S2号および将来公表されるテーマ別または産業別の基準と併せて，一体として適用されるように設計されています。また，IFRS S1号およびS2号は，ともに，ガバナンス，戦略，リスク管理ならびに指標および目標の４つの分野（以下，「コア・コンテンツ」という）についての開示を定めています。

IFRS S1号は，IFRSサステナビリティ開示基準に基づくすべてのサステナビリティ関連財務情報の報告の基礎となるものであり，目的および範囲，概念的な基礎，コア・コンテンツ，全般的な要求，見積り・不確実性および誤謬について定めています。また，気候に限らず，関連するサステナビリティ課題全体にわたって，企業の見通しに影響を及ぼすと合理的に見込まれうる，すべてのサステナビリティ関連のリスクおよび機会に関する情報を開示することを要求しています。

IFRS S2号は，サステナビリティ課題のうち，気候関連リスクの開示に焦点を当てた基準書です。コア・コンテンツに関して，特に気候関連リスクに固有の開示が求められる事項（移行計画，シナリオ分析，気候固有の指標および目標など）について定めており，IFRS S1号で定められたコア・コンテンツに関する定めを補完しています。

基準の全体像およびそれぞれの内容に該当する本文書における解説箇所は，**図表11－1**をご参照ください。

図表11－1 基準の全体像と本書の対照表

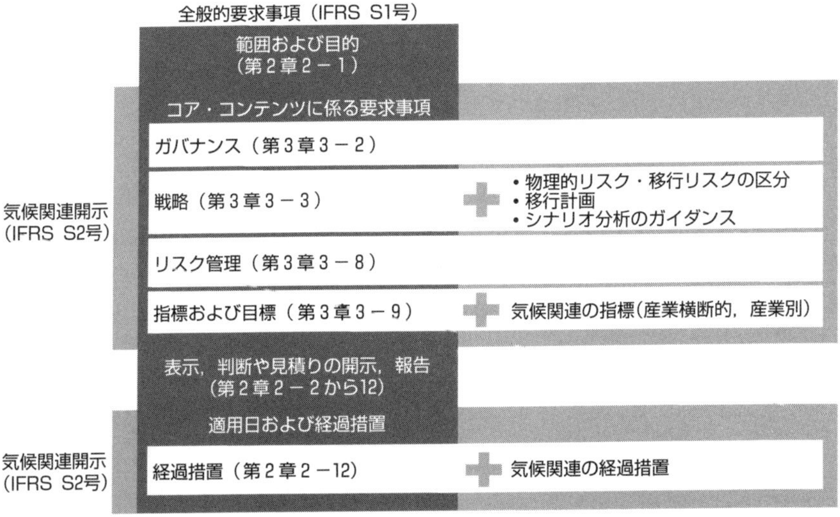

（出所：IFRS S1，S2号およびKPMGの「First Impressions－Sustainability Reporting」（2023年7月）を踏まえ，KPMG作成）

Q12 IFRS S1号やS2号の開発の基礎とされたフレームワークおよび基準

IFRS S1号やS2号の開発にあたって，どのようなフレームワークや基準が基礎とされたのでしょうか？

A. IFRSサステナビリティ開示基準の開発にあたっては，2017年に公表されたTCFD提言，これまでSASBによって開発されてきたSASBスタンダード，2020年12月にIIRC・SASB・GRI・CDP・CDSBの５団体より公表されたサステナビリティ関連情報の開示基準についてのプロトタイプ等が基礎とされました。

解説

IFRSサステナビリティ開示基準の開発にあたっては，2020年12月にIIRC，SASB，GRI，CDSB，CDPの５団体より公表されたサステナビリティ関連情報の開示基準についてのプロトタイプ（Q５参照）のほか，主に以下のフレームワークや基準における内容が基礎とされました。

(1)　気候関連情報に関するフレームワークとして知られているTCFD提言の考え方（コア・コンテンツ）

(2)　SASBスタンダードの開示トピックおよび指標（IFRS S2号の「産業別適用ガイダンス」）

なお，IFRSサステナビリティ開示基準とその他の開示基準との間の互換性を高めるため，ISSBはGRIやその他EUおよび米国等の各国・地域の基準設定主体との協力も進めています。例えば，欧州サステナビリティ報告基準（ESRS）は，IFRSサステナビリティ開示基準に比べて，より幅広いステークホルダーのニーズを満たすように設計されていることから，両基準の開示要求事項は異なっていますが，両基準を適用しようとする企業を支援するため，両基準で共通する領域の拡大に向け，ISSBと欧州財務報告諮問グループ（EFRAG）が協働する動きが見られます。

1　TCFD提言

TCFDとは，「気候関連財務情報開示タスクフォース」（Task Force on Climate-related Financial Disclosures）のことをいいます。TCFDは，気候関連の情報開示のあり方や気候変動に対する金融機関の対応について検討することを目的として，G20の要請を受けて金融安定理事会により設立されました。温室効果ガス（Greenhouse Gas，以下，「GHG」という）等に起因する地球温暖化等の気候変動は，世界経済に深刻なリスクを招き，また多くの経済分野に影響を及ぼしています。そのような気候変動の影響が企業に与えるリスク・機会についての情報を開示し，市場の透明性を向上させることについての金融市場からの要請が，TCFD設立の背景となっています。

「TCFD提言」とは，TCFDが2017年6月に公表した報告書で示された提言のことをいいます。TCFD提言は，企業等に対して，気候変動関連のリスクおよび機会に関する「ガバナンス」，「戦略」，「リスク管理」，「指標および目標」の4つの領域について開示することを推奨しています。TCFDにおいて具体的に開示が推奨される項目は，次頁の**図表12－1**のとおりです。

また，TCFDは，2021年10月，TCFD提言の実施に向けた手引きである別冊の改訂と「指標および目標」に関する補助ガイダンスを公表しました。この改訂により，GHG排出のスコープ1と2については企業の重要課題（マテリアリティ）の評価にかかわらず開示を行うとともに，移行計画を策定し開示を行うことなどが推奨されることになりました。

TCFD提言はそれ自体で強制力をもつものではありませんが，その公表後，TCFD賛同企業数は年々増加していきました。また，各法域におけるサステナビリティ報告に関する規制においても，TCFDまたは同等の枠組みに基づく開示を強制または推奨する動きが増えていました。このように，TCFD提言およびそれに基づく開示の枠組みが国際的に広く利用されていることを踏まえ，IFRSサステナビリティ開示基準の開発に際しても，TCFD提言の内容が考慮されており，上記4領域の開示構造がコア・コンテンツとして採用されています。

図表12－1　TCFD提言における推奨開示項目

	①　ガバナンス	②　戦略	③　リスク管理	④　指標および目標
	気候関連のリスクおよび機会に係る組織のガバナンスを開示する。	（重要とみなした場合）気候関連のリスクおよび機会がもたらす組織のビジネス・戦略・財務計画への実際の影響および潜在的な影響を開示する。	気候関連リスクについて，組織がどのように識別・評価・管理しているかについて開示する。	（重要とみなした場合）気候関連のリスクおよび機会を評価・管理する際に使用する指標と目標について開示する。
推奨される開示内容	a）気候関連のリスクおよび機会についての，取締役会による監視体制	a）組織が識別した，短期・中期・長期の気候関連のリスクおよび機会	a）組織が気候関連リスクを識別・評価するプロセス	a）組織が，自らの戦略とリスク管理プロセスに即して，気候関連のリスクおよび機会を評価する際に用いる指標
	b）気候関連のリスクおよび機会を評価・管理するうえでの経営者の役割	b）気候関連のリスクおよび機会が組織のビジネス・戦略・財務計画に及ぼす影響	b）組織が気候関連リスクを管理するプロセス	b）スコープ1，スコープ2，および適切な場合にはスコープ3のGHG排出量と，その関連リスク
		c）2℃以下シナリオを含む，様々な気候関連シナリオに基づく検討を踏まえて，組織の戦略のレジリエンス	c）組織が気候関連リスクを識別・評価・管理するプロセスが組織の総合的リスク管理にどのように統合されているか	c）組織が気候関連リスクおよび機会を管理するために用いる目標，および目標に対する実績

（出所：TCFD, Recommendations of the Task Force on Climate-related Financial Disclosuresに基づきKPMG作成）

2　SASBスタンダード

SASBスタンダードは，財務的にマテリアル，すなわち重要性があり，意思決定に有用なサステナビリティ情報の報告に関する産業別の基準です。その主な目的は，以下のとおりです。

- 業界の典型的な企業にとって，財務的に重要性がある可能性が合理的に高いと考えられるサステナビリティ開示項目を特定すること
- 投資家や債権者等の意思決定に有用な開示を促進すること
- 費用対効果が高い開示を実現すること

SASBスタンダードは，幅広いリサーチによるエビデンスに基づき，投資家，債権者，専門家等の市場参加者からのインプットを反映して策定されます。また，業種固有の特性を考慮して策定されるとともに，信頼性担保のため，会議の公開やパブリックコメント期間の設定等，高い透明性をもって策定されています。このように，SASBスタンダードは，一定のデュー・プロセスを経て，重要な財務インパクトを及ぼす可能性の高い要素を識別し，開示内容を標準化して情報の利用者・提供者にとって利便性の高いツールとして組成されてきました。

IFRSサステナビリティ開示基準は，SASBスタンダードをIFRS S2号の産業別適用ガイダンスの基礎としています。また，開示対象とするサステナビリティ関連のリスクおよび機会を識別する際，ならびに識別されたリスクおよび機会について開示すべき指標を決定する際に，SASBスタンダードを考慮することが求められています。

ただし，SASBスタンダードにおける指標のなかには，米国の法律や規制を基礎とする法域固有の指標が含まれていることがあります。このため，ISSBは，SASBスタンダードをより国際的に適用しやすいものにするため，2023年12月に，法域固有の指標を削除ないしより一般化した指標へ置き換える形でSASBスタンダードをアップデートするアプローチを提案し，修正版SASBスタンダードを公表しています（**Q69**参照）。

Q13 IFRSサステナビリティ開示基準に基づく開示のフロー

IFRSサステナビリティ開示基準に基づく開示のフローについて教えてください。

A. IFRSサステナビリティ開示基準に基づく一連の開示のフローは，以下のように表現できます。

- ステップ１：報告企業を特定する。
- ステップ２：企業の見通しに影響を及ぼすと合理的に見込まれうるサステナビリティ関連のリスクおよび機会を識別する。
- ステップ３：重要性があり，開示すべきサステナビリティに関する財務情報を識別する。
- ステップ４：一般目的財務報告の一部としてサステナビリティ関連財務開示を行う。

解説

サステナビリティ開示基準に基づく開示のフローは**図表13－１**のように整理できます。以下では，**図表13－１**に沿って説明します。

１〔ステップ１〕報告企業を特定する

企業は，報告期間中に報告企業に影響を与える事象および取引に基づき，財務諸表を作成します。サステナビリティ報告における報告企業は，財務報告における報告企業と同一です。ただし，サステナビリティ報告には，企業のバリューチェーン全体に関する，より幅広い資源および関係に関する情報が反映される場合もあります。報告企業に関する詳細は，**Q23～Q25**をご参照ください。

２〔ステップ２〕企業の見通しに影響を及ぼすと合理的に見込まれうるサステナビリティ関連のリスクおよび機会を識別する

企業は，企業を取り巻く資源および関係を考慮して，企業の見通しに影響を

図表13－1　IFRSサステナビリティ開示基準に基づく開示の流れ

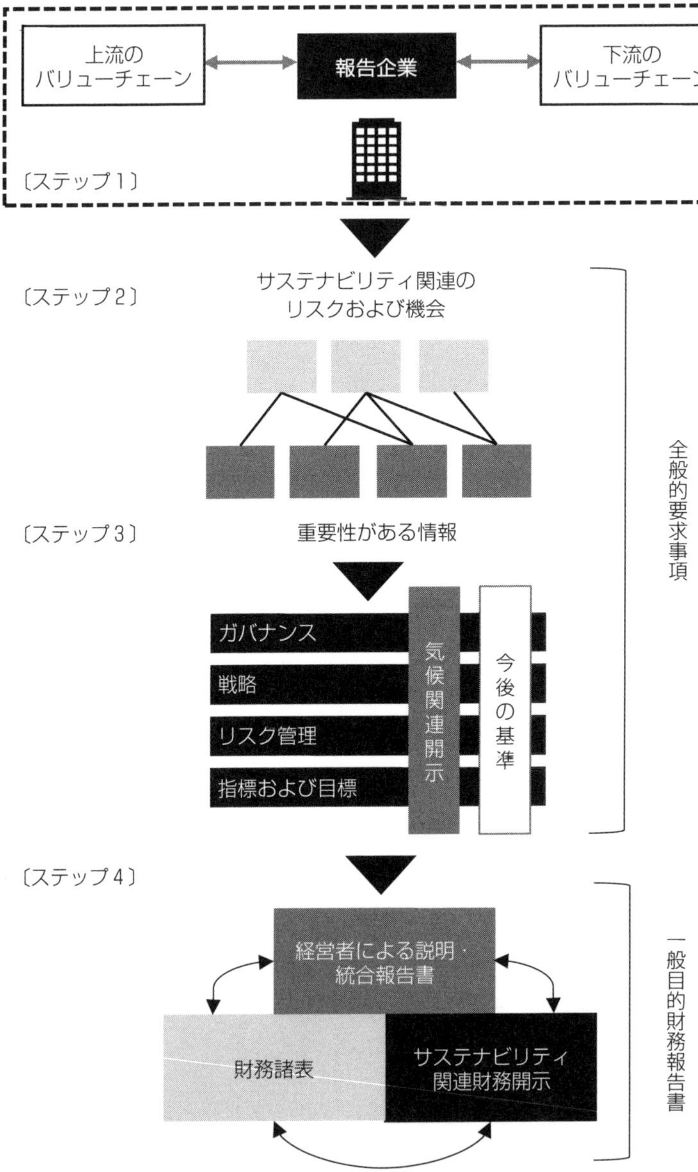

（出所：IFRS S1，S2号およびKPMGの「First Impressions－Sustainability Reporting」（2023年7月）を踏まえ，KPMG作成）

及ぼすと合理的に見込まれうるすべてのサステナビリティ関連のリスクおよび機会（短期・中期・長期にわたり，企業の見通しに影響を及ぼすと合理的に予想される主な要因）を識別します。サステナビリティ関連のリスクおよび機会の識別に関する詳細は，**Q28**をご参照ください。

3　〔ステップ3〕重要性があり，開示すべきサステナビリティに関する財務情報を識別する

ステップ2で識別されたサステナビリティ関連のリスクおよび機会に関する情報が，サステナビリティ関連財務情報を含む一般目的財務報告書の利用者の意思決定に影響を及ぼすと合理的に予想される可能性がある場合，その情報には重要性があります。開示すべきサステナビリティに関する財務情報の識別の詳細は，**Q29**および**Q30**をご参照ください。また，重要性に関する詳細は，**Q19～Q22**をご参照ください。

4　〔ステップ4〕一般目的財務報告の一部としてサステナビリティ関連財務開示を行う

サステナビリティ関連財務開示は，財務諸表および経営者による説明（マネジメントコメンタリー）とつながり，これらを補完するものとなります。サステナビリティ関連財務開示を一般目的財務報告の一部とし，財務諸表および経営者による説明と一体化して開示することにより，利用者の意思決定に役立つ情報を提供することができるようになります。IFRSサステナビリティ開示基準に基づいて作成された情報の開示場所に関する詳細については，**Q31**をご参照ください。

Q14 既存のサステナビリティ関連財務情報の開示に係るフレームワークや基準を適用している企業への影響

すでにTCFD提言やSASBスタンダード，GRIスタンダードを適用している企業がIFRSサステナビリティ開示基準を適用しようとする場合，どのような対応が必要になりますか？

A. 企業がすでにTCFD提言やSASBスタンダード，GRIスタンダードのようなサステナビリティ関連のフレームワーク・基準を採用している場合には，既存の開示内容の多くをIFRSサステナビリティ開示基準の開示に利用できる可能性があります。

ただし，適用しているフレームワークや基準とIFRSサステナビリティ開示基準との間には，通常何らかの差異があるため，両者の差異分析を実施し過不足を把握したうえで，適宜開示情報を追加・修正することが必要になります。

解 説

これまでにIFRSサステナビリティ開示基準以外のサステナビリティ関連のフレームワークや基準（例：TCFD提言，SASBスタンダード，GRIスタンダード）を適用し，サステナビリティ関連財務情報を開示している企業も少なくありません。こうした場合，IFRSサステナビリティ開示基準で求められている開示にあたって，既存の開示情報を利用できることがあります。

一方で，従来適用していたフレームワークや基準と，IFRSサステナビリティ開示基準との間には，通常一定の相違があります。したがって，これまで適用していたフレームワークや基準と，IFRSサステナビリティ開示基準の間の差異分析を行い，開示項目の過不足を把握したうえで適宜開示情報の追加・修正を行うことが必要となります。

Column ③ 既存のサステナビリティ関連情報の開示に係るフレームワークや基準とIFRSサステナビリティ開示基準

既存のサステナビリティ関連情報の開示に係るフレームワークや基準のうち，特に多くの企業で参照されてきたものとして，TCFD提言，SASBスタンダード，GRIスタンダードの３つがあります。従来これらのフレームワークや基準を適用してきた企業がIFRSサステナビリティ開示基準を新たに適用する場合，以下の点について留意することが重要と考えられます。

１．TCFD提言

現在企業のなかで適用が進んでいるサステナビリティ関連情報に係るフレームワーク・基準として，まずTCFD提言が挙げられます。

IFRSサステナビリティ開示基準で採用されているアプローチおよび開示要求の内容は，TCFD提言と整合性があるものになっています。しかし，IFRSサステナビリティ開示基準では，気候関連のリスクおよび機会だけでなく，サステナビリティ関連全般に係るリスクおよび機会に開示の範囲が拡張されているため，TCFD提言に基づく開示を行っている企業がIFRSサステナビリティ開示基準に準拠した開示をしようとする場合，追加の対応が必要となる可能性が高いと考えられます。

また，気候関連の開示のみに焦点を当てた場合でも，詳細な部分に目を向けると，TCFD提言とIFRSサステナビリティ開示基準で求められている開示項目には多くの相違が存在します。例えば，TCFD提言では，スコープ３のGHG排出に関する開示は適切な場合にのみ行うこととなっていますが，IFRSサステナビリティ開示基準では，スコープ３のGHG排出に関する開示が求められています（ただし，その適用時期を少なくとも１年間遅らせることが容認されています（**Q42**参照））。

このように，気候関連の開示であったとしても，TCFD提言に基づく開示項目とIFRSサステナビリティ開示基準で求められている開示項目では，差異が存在するため，両者の差異分析を実施し，IFRSサステナビリティ開示基準で求められている開示情報に追加・修正する必要があります。

２．SASBスタンダード

産業別の開示トピックおよび関連するサステナビリティ関連のリスクおよび機会を識別する際に，IFRSサステナビリティ開示基準ではSASBスタンダードを考慮しなければなりません（**Q28**参照）。また，IFRS S2号のパートＢの強制力のない産業別開示の適用ガイダンスは，SASBスタンダードがベースとなっています（**Q70**参照）。このため，SASBスタンダードを適用している場合，企業はその開示情報をIFRSサステナビリティ開示基準での開示に利用できる可能性があります。

ただし，SASBスタンダードで示されているのは，産業別の指標等に関する事項のみであり，ガバナンスやリスク管理に関する記述についてはIFRSサステナビリティ開示基準で求められているような開示は求められていません。また，IFRS S1号で要求されている全般的な特徴に基づく開示（例：比較情報，見積りおよび結果の不確実性の源泉など）は，SASBスタンダードでは求められていません。したがって，SASBスタンダードを適用するのみでは，IFRSサステナビリティ開示基準が求める開示項目をすべて網羅した開示を行うことができない点に留意が必要です。

3．GRIスタンダード

GRIスタンダードは，報告主体が経済，環境，社会に与えるインパクトを報告し，持続可能な発展への貢献を説明するための枠組みを提供する基準書です。GRIスタンダードは，投資家等だけでなく，より広範囲の利害関係者のニーズを反映するための開示項目が定められており，一般目的財務報告の利用者のニーズを満たすように要求事項が定められているIFRSサステナビリティ開示基準とはその目的が異なります。

ただし，GRIスタンダードに基づき企業において特定された開示事項のうち，一般目的財務報告の利用者のニーズを満たすようなものについては，IFRSサステナビリティ開示基準においても開示対象となる可能性があります。その場合には，GRIスタンダードに基づく開示事項がIFRSサステナビリティ開示基準に従った開示に利用できる可能性があります。

第2章

基準の基本事項を理解しよう

2－1 目的および範囲

Q15 IFRSサステナビリティ開示基準の適用対象企業

IFRSサステナビリティ開示基準はいつから，どの企業に対して適用されますか？

A. IFRSサステナビリティ開示基準は，2024年1月1日以降に開始する事業年度から適用する（ただし，早期適用することも可能）こととされています。

ただし，同基準の適用を企業に義務付けるか否か，また，義務付ける場合にその対象範囲や適用時期をどうするかは，各法域の規制当局が判断します。

解説

IFRSサステナビリティ開示基準は，2024年1月1日以降に開始する事業年度から適用する（早期適用することも可能）こととされています。ただし，各法域内の企業にIFRSサステナビリティ開示基準の適用を義務付けるかどうか，また，義務付ける場合，その対象範囲や時期をどうするかは，各法域における規制当局によって定められます。

IFRSサステナビリティ開示基準は，企業に対して，一般目的財務報告の主要な利用者が資源の提供に関して意思決定を行う際に有用な，サステナビリティ関連のリスクおよび機会についての開示を求めることを目的として開発されたものです。また，同基準の設定主体であるISSBの目的は，サステナビリティ関連財務情報の開示に関する包括的なグローバル・ベースラインとなる基準を開発することにあります。このため，各国の規制当局は，IFRSサステナビリティ開示基準を基礎としつつ，その他の利害関係者の情報ニーズを満たす追加の開示項目を定めることにより，各法域における公共政策を推進することが期待されます（IFRS S1. BC27-28）。

日本では，2023年12月現在，IFRSサステナビリティ開示基準の適用は義務付けられていません。ただし，企業がIFRSサステナビリティ開示基準を任意に適用することは可能です。

Q16 IFRSサステナビリティ開示基準と適用する会計基準との関係

IFRS会計基準を適用する企業は，IFRSサステナビリティ開示基準の適用が強制されますか。また，IFRS会計基準以外の会計基準を適用する企業がIFRSサステナビリティ開示基準を適用することは可能ですか？

A. **IFRS会計基準を適用している場合でも，IFRSサステナビリティ開示基準の適用は強制されません。また，IFRS会計基準以外の会計基準を適用している企業においても，IFRSサステナビリティ開示基準の適用は可能です。**

解説

IFRSサステナビリティ開示基準は，特定の会計基準とともに適用することを想定していません。そのため，IFRS会計基準を適用している場合でも，IFRSサステナビリティ開示基準の適用は強制されません。他方，IFRS会計基準以外の会計基準を採用している企業においてもIFRSサステナビリティ開示基準の適用は可能です。

IFRSサステナビリティ開示基準は，グローバル・ベースラインというその位置付けから，各法域において柔軟な適用が可能となるよう，IFRS会計基準はもとより，その他の一般に公正妥当と認められた会計基準と併せて適用できるように設計されています。そのため，日本の会計基準や米国の会計基準により財務諸表を作成している企業もIFRSサステナビリティ開示基準を適用することが可能とされています（IFRS S1. 8, BC 5）。

一般目的財務報告のための会計基準とIFRSサステナビリティ開示基準の関係は**図表16－1**のとおりです。

図表16－1　IFRSサステナビリティ開示基準と会計基準の関係

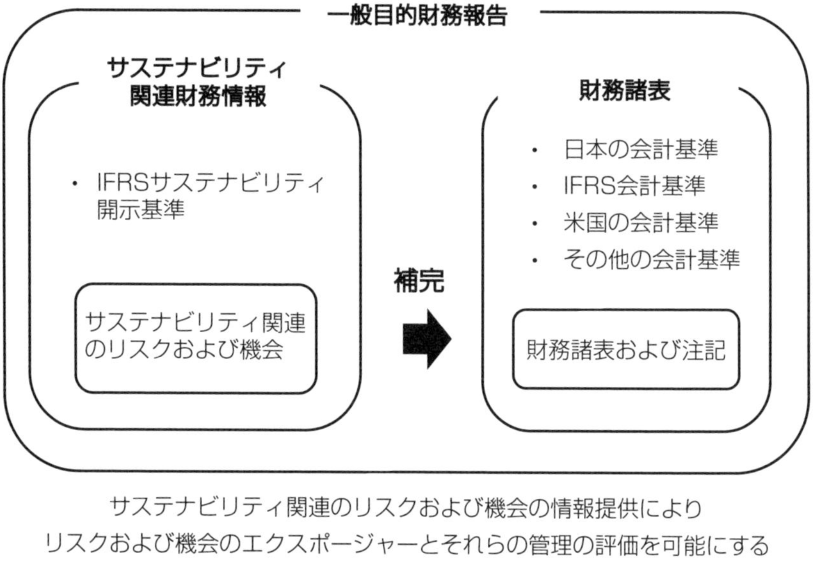

（出所）IFRSサステナビリティ開示基準よりKPMG作成

サステナビリティ関連財務情報は一般目的財務報告の一部として，サステナビリティ関連のリスクおよび機会についての情報を提供するものです。財務諸表の利用者は，財務諸表とともにこれらの情報を利用することで，企業のサステナビリティ関連のリスクおよび機会のエクスポージャーと，企業によるそれらの管理について評価することが可能となります。

Q17 IFRSサステナビリティ開示基準の想定利用者

IFRSサステナビリティ開示基準の想定利用者について教えてください。

A. **IFRSサステナビリティ会計基準の想定利用者は，一般目的財務報告の主要な利用者であり，具体的には，現在のおよび潜在的な投資者，融資者およびその他の債権者です。**

解説

IFRSサステナビリティ開示基準の目的は，「企業に対して，一般目的財務報告の主要な利用者が，企業に対する資源の提供に関して意思決定を行う際に有用な，サステナビリティ関連のリスクおよび機会についての情報の開示を求めること」です。IFRSサステナビリティ開示基準が想定する利用者は，一般目的財務報告の利用者であり，IFRS S1号の付録A「用語の定義」において，「現在のおよび潜在的な投資者，融資者およびその他の債権者」であると定義付けられています。

この定義は，IASBの「財務報告に関する概念フレームワーク」第1.5項およびその脚注の内容（「必要とする財務情報の多くを一般目的財務報告書に依拠しなければならない現在のおよび潜在的な投資者，融資者およびその他の債権者を指す。」）と整合しています（IFRS S1. 1, BC 2）。

図表17－1　一般目的財務報告の主要な利用者

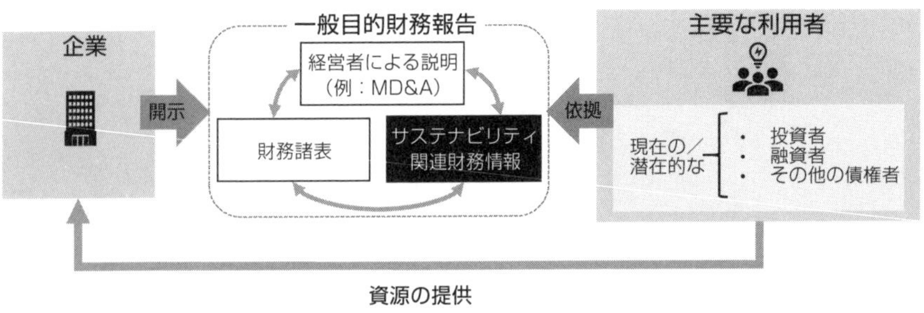

2－2　適正な表示

Q18 「適正な表示」とは

IFRSサステナビリティ開示基準における「適正な表示」について教えてください。

A. サステナビリティ関連財務開示が完全で１組のものとなるには，企業の見通しに影響を与えると合理的に見込まれうるすべてのサステナビリティ関連のリスクと機会が「適正に表示」されることが必要です。

「適正な表示」のためには，企業の見通しに影響を与えると合理的に見込まれうるサステナビリティ関連のリスクおよび機会について「関連性のある」情報が開示され，それがIFRSサステナビリティ開示基準で示されている原則に準拠して「忠実に表現される」ことが必要です。

解　説

１　有用なサステナビリティ関連財務情報の基本的な質的特性

サステナビリティ関連財務開示が完全で１組のものとなるためには，企業の見通しに影響を与えると合理的に見込まれうるすべてのサステナビリティ関連のリスクと機会が「適正に表示」されることが必要です（IFRS S1. 11）。ここで，「適正な表示」とするためには，企業の見通しに影響を与えると合理的に見込まれうるサステナビリティ関連のリスクおよび機会について「関連性のある」情報が開示され，それがIFRSサステナビリティ開示基準で示されている原則に準拠して「忠実に表現される」ことが必要とされており（IFRS S1. 13），これらの特性は，サステナビリティ関連財務情報が有用であるための基本的な質的特性とされています（IFRS S1. 10）。

- 「関連性がある」情報であること（IFRS S1. D4）
  サステナビリティ関連財務情報によって主要な利用者が行う意思決定に相違を生じさせる可能性がある場合，当該情報は「関連がある」とされています。また，予測価値，確認価値またはその両方がある情報は，意思決定に相違を生じさせる可能性があるとされています。
- 「忠実に表現される」こと（IFRS S1. D9-15）
  サステナビリティ関連財務情報が忠実な表現であるためには，サステナビリティ関連のリスクおよび機会について，「完全」で「中立的」で「正確」な描写がされていることが想定されます。

2　補強的な質的特性

サステナビリティ関連財務情報の有用性を向上させるためには，以下の４つの補強的な質的特性が満たされることが重要とされており，「適正な表示」をするうえでは，これらを満たす必要があるとされています（IFRS S1. 15(a)）。

- 比較可能性
- 検証可能性
- 適時性
- 理解可能性

3　追加的な情報の開示

IFRSサステナビリティ開示基準の定めに従うだけでは，企業のサステナビリティ関連のリスクおよび機会が企業の見通しに与える影響を一般目的財務報告の利用者が理解するのに十分ではないと判断されることがあります。このような状況で「適正な表示」をしようとする場合には，追加的な情報を開示することが要求されています（IFRS S1. 15(b)）。

2－3　重要性

Q19　サステナビリティ関連財務情報の開示に際しての重要性の考え方

サステナビリティ関連財務情報を開示すべきか否かの判断における重要性について，IFRS会計基準において定められている財務情報の重要性の判断との違いはあるでしょうか？

A.　**IFRSサステナビリティ開示基準における重要性の定義は，IFRS会計基準と整合しています。ただし，両基準にはその重要性の判断にあたって制約の有無や時間軸，考慮すべき範囲等，いくつかの相違があります。**

解説

サステナビリティ関連財務情報は，その情報を省略，誤表示，および不明瞭にしたりしたときに，利用者が企業に関する情報を提供する報告に基づいて行う意思決定に影響を与えることが合理的に見込まれうる場合には，重要性があるとされており，一般目的財務報告書の利用者の意思決定に影響を与えることが合理的に見込まれうる情報に焦点を当てています。この定義は，IFRS会計基準で使用されている重要性の定義と整合しています（IFRS S1. BC68）。

しかし，サステナビリティ関連財務開示と財務諸表にはそれぞれ固有の目的があり，報告企業に関する異なるタイプの情報を提供するため，両者の重要性の判断は必然的に異なります。具体的には，以下の点が相違しています（IFRS S1. BC69）。

1　定義および認識基準による制約の有無の相違

IFRS会計基準では，一般目的財務諸表の構成要素としての定義を満たし，かつ認識基準を満たす場合にのみ，金額の測定が行われ，財務諸表の本表への計上が行われます。一方でIFRSサステナビリティ開示基準に準拠して開示すべき情報は，このような制約を受けません。

2　考慮すべき時間軸の相違

IFRSサステナビリティ開示基準とIFRS会計基準とでは，開示にあたって用いる時間軸が異なることがあります。

例えば，IFRSサステナビリティ開示基準の気候関連開示では，長期にわたる見込み（例：2050年までのGHG排出量目標）をもとに仮定が設定され，気候に関連するレジリエンスの開示が行われます。これに対してIFRS会計基準では，例えば有形固定資産の減損検討の際に使用する将来キャッシュ・フロー予測に際して，このような長期の仮定は「合理的で裏付け可能な仮定」(IAS36.33(a)) であると認められない可能性があります。

このような理由から，IFRSサステナビリティ開示基準に基づくサステナビリティ関連財務情報を作成する際には，IFRS会計基準に基づく一般目的財務諸表を作成する際に考慮するよりも，長期にわたる財務的影響を考慮する必要がある可能性があります。

3　考慮すべき範囲の相違（バリューチェーン）

IFRSサステナビリティ開示基準では，サステナビリティ関連財務開示を作成するにあたり，バリューチェーン全体を通じての相互作用の財務的影響を考慮することが必要になりますが，IFRS会計基準ではこのような影響の考慮は求められていません。例えば，IFRSサステナビリティ開示基準では，サステナビリティ関連のリスクおよび機会がバリューチェーンに与える現在のおよび予想される影響を理解できるようにする情報の開示が求められていますが(IFRS S1.32)，IFRS会計基準ではこのような要求事項はありません。

Q20 重要性があるか否かの判断

IFRSサステナビリティ開示基準において開示すべき重要性のある情報を識別する際，どのような点を考慮すべきでしょうか？

A. 開示すべき重要性のある情報を識別するうえで，以下の事項を考慮する必要があります。

1　IFRSサステナビリティ開示基準の要求事項，および他のガイダンス
2　影響の大きさおよび発生可能性，ならびにその他要因
3　集約・分解をすべきか
4　関連する法令における定め
5　従前と比較して重要性の判断に変更がないか

解説

開示すべき重要性のある情報を識別するにあたって，以下の事項を考慮する必要があります。

1　IFRSサステナビリティ開示基準の要求事項，および他のガイダンス

重要性がある情報を識別するために，企業は，まずそのサステナビリティ関連のリスクまたは機会に具体的に適用されるIFRSサステナビリティ開示基準の要求事項を適用します。仮に具体的に適用される基準が存在しない場合，企業はガイダンスの情報源に関する要求事項を適用し，重要性がある情報を識別します（IFRS S1. B20）。開示すべき情報の決定については，**Q29**をご参照ください。

企業は，上記の結果識別された情報が，個別にまたは他の情報と組み合わせて，企業のサステナビリティ関連財務開示全体の文脈において重要性があるかどうかを評価することが求められます。情報に重要性があるかどうかを評価するにあたっては，定量的要因（例：規模）と定性的要因（例：性質）の両方を

考慮することが必要となります（IFRS S1. B21）。

2　影響の大きさおよび発生可能性，ならびにその他要因

IFRSサステナビリティ開示基準では，結果が不確実な，将来起こりうる事象に関する情報開示を要求している場合があります。このような事象に関する情報に重要性があるかどうかを判断するにあたり，企業は，以下の２つの要因を考慮する必要があります（IFRS S1. B22）。

- 短期・中期・長期にわたる，企業の将来キャッシュ・フローの金額・時期・不確実性に対する事象の潜在的な影響（以下，「生じうる結果」という）
- 生じうる結果の範囲およびその範囲内での生じうる結果の発生可能性

重要性の評価にあたっては，影響の大きさおよび発生可能性の２つの尺度が存在します。発生可能性が低いものであっても，個別にまたは他と組み合わせると結果の影響が大きいサステナビリティ関連のリスクおよび機会に関する情報は，重要性があると判断されることがあります。また，将来起こりうる事象が企業のキャッシュ・フローに影響を与えることが予想されるものの，それが何年も先である場合，通常はその事象に関する情報は，当該事象より早く発生することが見込まれる同様の事象に関する情報よりも重要性があると判断される可能性は低くなりますが，状況によってはその情報に重要性があると判断されることもあります（IFRS S1. B23, B24）。

そのほか，IFRSサステナビリティ開示基準を適用する際の重要性の評価にあたっては，以下を考慮することが求められています（IFRS S1. BC70）。

- 企業の活動が環境および社会に与える影響と，それらが企業のキャッシュ・フロー，資本コストおよびファイナンスへのアクセスに与える影響との間の関係
- 時間の経過による仮定および条件の変化
- 潜在的に変化している一般目的財務報告書の利用者の情報ニーズ

上記を図示すると，**図表20－１**のようになります。

図表20－１　重要性の判断時の尺度

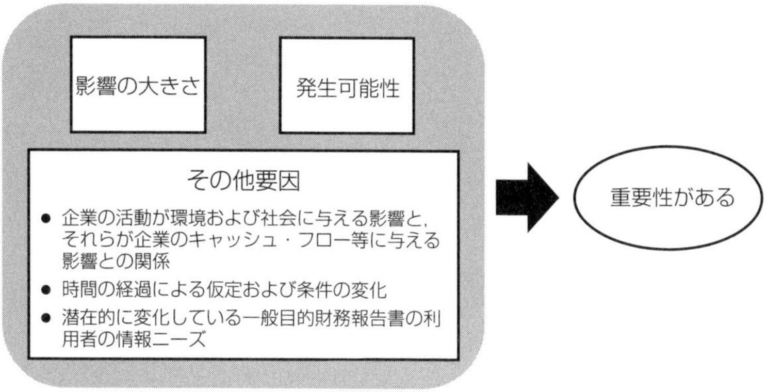

（出所：IFRS S1号に基づきKPMG作成）

3　集約・分解をすべきか

企業はIFRSサステナビリティ開示基準を適用するとき，すべての事実および状況を考慮して，サステナビリティ関連財務開示の情報をどのように集約および分解するかを決定することが必要になります。重要性がある情報を重要性がない情報で不明瞭にしたり，類似していない重要性がある情報を集約したりすることは認められません（IFRS S1. B29）。

情報は，共有する特性を有している場合は集約しなければならず，その特性がない場合には集約することはできません。例えば地理的な場所や地政学的な環境を考慮して，サステナビリティ関連のリスクおよび機会に関する情報を分解する必要がある場合があります（IFRS S1. B30）。

このように，企業は重要性がある情報をサステナビリティ関連財務開示において不明瞭にしないことが求められています。重要性がある情報が不明瞭となる場合としては，以下のような状況が挙げられます（IFRS S1. B27）。

・　重要性がある情報が，重要性がない追加的な情報と明瞭に区別されていない
・　重要性がある情報がサステナビリティ関連財務開示において開示されているが，使用されている表現が曖昧または不明確である

- サステナビリティ関連のリスクまたは機会に関する重要性がある情報が，サステナビリティ関連財務開示全体に散在している
- 異質な情報項目が，不適切に集約されている
- 類似した情報項目が，不適切に分解されている
- 主要な利用者が重要性を判断できないほどに重要性がある情報が隠されている結果として，サステナビリティ関連財務開示の理解可能性が低下している

4　関連する法令における定め

一般目的財務報告で企業が開示すべきサステナビリティ関連情報が，現地の法令で定められている場合があります。この場合，企業は情報に重要性がない場合でも，現地の法令の要求事項を満たすために，その情報をサステナビリティ関連財務開示に含めることが容認されます。ただし，その情報で重要性がある情報を不明瞭にすることは認められません（IFRS S1. B31）。

また，IFRSサステナビリティ開示基準で開示が求められている情報が，現地の法令によって開示が禁止されている場合があります。このような場合は，重要性がある情報であっても開示する必要はありません。ただし，そのような場合，企業は開示しない情報の種類を識別し，その制約の理由（具体的な法令等）を説明する必要があります（IFRS S1. B33）。

なお，IFRSサステナビリティ開示基準に準拠したサステナビリティ関連財務開示を行うのであれば，現地の法令において該当する情報を開示しないことが容認されることをもって，重要性があるサステナビリティ関連財務情報を開示しないことは認められません（IFRS S1. B32）。

5　従前と比較して重要性の判断に変更がないか

企業は，状況および仮定の変化を考慮して，各報告日に重要性の判断を再評価することが必要となります。これには，個別の状況または外部環境の変化により，あるサステナビリティ関連財務開示に含まれていた情報にもはや重要性がなくなる場合と，逆に過去に開示されていなかった情報に重要性があると判断される場合の両方があります（IFRS S1. B28）。

Q21 重要性の量的目安

IFRSサステナビリティ開示基準において，量的に「重要性がある」と判断される目安はありますか？

A. **いいえ。IFRSサステナビリティ開示基準では「重要性がある」の判断についての量的な目安は示されていません。**

解説

IFRSサステナビリティ開示基準において，重要性のあるサステナビリティ関連財務情報とは，主要な利用者が行う意思決定に影響を与える可能性があることが合理的に見込まれうるものです（**Q30**参照）。重要性は，その情報が関連する項目の性質や規模に基づいて判断されることから，企業や対象とする情報によってその判断が異なると考えられます。したがって，IFRSサステナビリティ開示基準では，重要性についての統一的で量的な目安は明示されていません。また，特定の状況においてどのような情報が重要性があるものとなりうるかを詳細に定めていません（IFRS S1. B19）。

重要性がある情報の決定に関しては**Q19**，報告内容の誤謬に関しては**Q39**をご参照ください。

Column
④

重要性に関する定量的な基準

財務諸表やサステナビリティ関連財務情報の作成にあたっては，特に企業規模が大きく，複雑な取引を実施している場合，大量のデータを基礎とするほか，不確実性を踏まえ，仮定を基礎として見積りを行うことが少なくありません。このため，企業報告にあたっては，測定・表示・開示等の各局面において重要性の判断が不可避です。

重要性があるかどうかは，各社の報告における情報の位置付けを踏まえ，情報が関連する項目の性質や規模に基づいて判断されるため，定量的な要素と定性的な要素をともに考慮することが不可欠です。このため，IFRS会計基準やIFRSサステナビリティ開示基準では，重要性があるかどうかを判断するための一律な定量的な基準は示されていません。

ただし，GHG排出量に関する測定について定めているGHGプロトコルのコーポレート基準（**Q64**参照）では，第11章「GHG排出量の検証」において，一般的な経験則として，GHG排出量の誤謬が検証対象とする組織に係るインベントリ合計の５％を超える場合，重要性があると考えられるという旨が記載されています。ただし，この場合でも，検証の実施者は，情報が表示される文脈の全体を踏まえて判断する必要があることなどが併せて示されています。例えば，定量的には上記の基準で２％に相当する誤謬であったとしても，それによって企業が設定した目標に達しているかどうかが異なるような場合，当該誤謬は重要性があるとされています。このように，仮に参照するフレームワーク等で何らかの定量的な基準が示されている場合でも，重要性の判断は，一律に決定されるものでない点に注意が必要です。

Q22 重要性がある情報がないと判断した場合の取扱い

IFRSサステナビリティ開示基準において具体的に定められている開示事項について，「重要性がある情報はない」と判断した場合，IFRSサステナビリティ開示基準に基づく開示は不要でしょうか？

A. **はい。IFRSサステナビリティ開示基準で具体的に開示すべき事項が定められている場合でも，当該事項について「重要性がある情報がない」と判断した場合，当該事項に関する開示は不要です。**

解説

IFRSサステナビリティ開示基準で要求されている事項に重要性がないと判断した場合には，その事項に関する情報を開示する必要はありません（IFRS S1. B25）。

これは，IFRSサステナビリティ開示基準において，特定の開示項目が具体的に定められていたり，最低限開示すべき項目が定められていたりする場合であっても該当します。例えば，IFRS S2号の「指標および目標」では，気候関連の特定の指標の開示が求められていますが（**Q63**参照），利用者の意思決定に際してその情報に重要性がないと判断する場合には，開示を行う必要はないとされています（IFRS S2. BC8）。

ただし，場合によっては，基準で開示が要求されている指標（数値）の絶対値に重要性がないこと自体が重要な情報であると判断される場合もありますので，この点に注意が必要です（参考：IFRS実務記述書第２号「重要性の判断」第55項）。

2－4　報告企業

Q23　IFRSサステナビリティ開示基準の報告企業

IFRSサステナビリティ開示基準に基づくサステナビリティ関連財務情報の報告企業はどのように決定すればよいでしょうか？

A.　IFRSサステナビリティ開示基準を適用して開示するサステナビリティ関連財務情報の報告企業は，関連する財務諸表の報告企業と同じものとすることとされています。

解　説

1　サステナビリティ関連財務情報の報告企業

報告企業とは，「一般目的財務諸表の作成を要求されている，または選択する企業」と定義されており，これはIFRS会計基準における報告企業の定義と同様です。IFRS S1号によれば，IFRSサステナビリティ開示基準に基づくサステナビリティ関連財務情報の報告企業は，関連する財務諸表の報告企業と同じものとするとされています（IFRS S1. 20）。

例えば，IFRS会計基準に基づき連結財務諸表を作成している場合，親会社および子会社が単一の報告企業となるため，サステナビリティ関連財務情報の開示における報告企業も親会社および子会社となります。このように報告企業を同じものとすることで，一般目的財務諸表の利用者は，サステナビリティ関連のリスクおよび機会が報告企業のキャッシュ・フロー，ファイナンスへのアクセスおよび資本コストに与える影響を理解することができます（IFRS S1. B38）。

2　関連会社，共同支配企業およびその他の財務的投資の取扱い

IFRSサステナビリティ開示基準は，企業の将来の見通しに影響を与えると合理的に見込まれうるサステナビリティ関連のリスクおよび機会について報告

することを求めています。サステナビリティ関連のリスクおよび機会は，特定の資源や関係性への依存または企業がこれらに与える影響に起因して生じる場合があり，企業は，このような依存や企業の与える影響を，企業が行っている事業のバリューチェーン全体について検討することが求められています（**Q24**参照）。IFRSサステナビリティ開示基準における報告企業は関連する財務諸表の報告企業と同じものとすることとされていることから，関連会社や共同支配企業等の財務的な投資は報告企業には該当しませんが，企業のバリューチェーンを構成する場合があります。そのため，これらがサステナビリティ関連のリスクおよび機会と関連しており重要性がある場合，関連する情報の報告が必要となる可能性があります（IFRS S1. B1, B 5）。

上記のほか，開示トピック別の個別基準により，関連会社，共同支配企業や非連結の子会社の情報について開示が求められる場合があります。例えば，IFRS S2号では，気候関連の指標として，スコープ１およびスコープ２のGHG排出量について，親会社および子会社とそれ以外の被投資先に細分化して報告することが求められています（IFRS S2. 29(a)(iv)）。

Q24 バリューチェーンの情報を含める理由

サステナビリティ関連財務情報の開示において，なぜバリューチェーンの上流や下流の情報を含める必要があるのでしょうか？

A. **IFRSサステナビリティ開示基準により開示が要求されるサステナビリティ関連のリスクおよび機会は，企業のバリューチェーン全体にわたる，企業とそのステークホルダー，社会，経済および自然環境との相互作用から生じます。このため，バリューチェーンの上流や下流の情報も含めてサステナビリティ関連財務情報の開示を行う必要があります。**

解説

IFRSサステナビリティ開示基準は，企業の見通しに影響を与えると合理的に見込まれうるサステナビリティ関連のリスクおよび機会に焦点を当てており，これらのリスクおよび機会は，企業のバリューチェーン全般にわたる，企業とそのステークホルダー，社会，経済および自然環境との相互作用から生じます。

これらの相互作用は，企業がキャッシュ・フローを生み出すためにバリューチェーン全体の資源および関係性の両方に依存しており，企業の活動やアウトプットを通じてこれらの資源および関係性にインパクト（影響）を与え，これら資源および関係性の保全，再生および発展，あるいはそれらの劣化や枯渇を生じさせる相互依存的なシステムの内部で生じます。例えば，企業のビジネスモデルが水資源に依存している場合，企業自身の活動ないしその他の要因による資源の劣化や枯渇は，事業中断のリスクを生じさせ，企業のビジネスモデルまたは戦略に影響を及ぼし，ひいては財政状態および経営成績に悪影響を及ぼす可能性があります（IFRS S1. B2-B3）。

また，重大な事象または状況の重大な変化が生じた場合，企業は影響を受けるサステナビリティ関連のリスクおよび機会の範囲について，バリューチェーン全体にわたり再評価する必要があります。企業のバリューチェーンにおける重要な変化（例えば，バリューチェーン内のサプライヤーがGHG排出量を大幅に変化させるような変更を行う場合）は，企業がそのような事象や状況の変化に関与することなしに生じることがあります（IFRS S1. B11）。

Q25 連結ベースでの開示における留意事項

連結ベースでサステナビリティ関連財務情報を開示する場合，子会社に対する投資持分の割合を考慮する必要はありますか？

A. IFRS S1号では，連結ベースでサステナビリティ関連財務情報を開示する際に，子会社に対する投資持分の割合をどのように考慮すべきかに係るガイダンスは示されていません。

ただし，IFRS S2号では，GHG排出量（総量）の報告に関して，これらに係るガイダンスが示されています。このため，気候関連の開示にあたっては，当該ガイダンスを参照する必要があります。

解説

IFRS S1号では，連結ベースでサステナビリティ関連財務情報を開示する際に，子会社に対する投資持分の割合を開示情報に反映させるかどうか（および，反映させる場合における当該方法）に係るガイダンスは示されていません。

ただし，IFRS S2号では，GHG排出量（総量）の開示に関して，企業が所在する法域の規制当局や取引所がその他の方法の利用を求めない限り，「温室効果ガスプロトコルの企業算定及び報告基準」（2004年）（以下，「GHGプロトコルのコーポレート基準」という）に従って測定することとされています（IFRS S2. 29(a)(ii)）。また，GHGプロトコルのコーポレート基準では，企業は，連結ベースで報告する際，報告すべきGHG排出量情報に係る組織境界について，①持分割合法（Equity share approach），②経営支配法（Operational control approach），③財務支配法（Financial control approach）のいずれかの方法によることができるとされています（詳細については，Q65参照）。

仮に企業が，①の持分割合法を採用してGHG排出量について開示する場合，連結ベースのGHG排出量の算定に際して子会社に対する投資持分の割合が考慮されることになります。例えば，A社がB社に対して30％の持分を有している場合，持分割合法によると，Ａ社の報告にあたってＢ社のGHG排出量の30％部分が開示対象となります。他方，②または③の方法を採用する場合，企業が子会社の経営または財務を支配していると判断される場合，投資持分の割合にかかわらず，当該子会社のGHG排出量の100％を連結ベースのGHG排出量に反映する必要があります。

<<<

2－5　情報のつながり

Q26　サステナビリティ関連財務情報と財務諸表とのつながり

サステナビリティ関連財務情報の報告にあたって，財務諸表とのつながりについて考慮する必要はありますか？

A.　**はい。企業は，サステナビリティ関連財務情報と関連する財務諸表とのつながりが理解できるように開示することが必要です。**

解説

IFRS S1号では，サステナビリティ関連財務情報とその他の一般目的財務報告とのつながりを理解できるように開示することが要求されています（IFRS S1. 21(b)(ii)）。ここで，「その他の一般目的財務報告」には，関連する財務諸表のほか，経営者による説明などの開示情報が含まれる可能性があります（**図表26－1**①参照）。

また，IFRS S1号では，サステナビリティ関連財務情報の開示にあたって，一般目的の財務報告の利用者が以下の「つながり」を理解できるように情報を開示することも要求しています（IFRS S1. 21(a)(b)(i)）。

- 異なるサステナビリティ関連のリスクおよび機会の間のつながり
- サステナビリティ関連財務開示のなかでのつながり（例：ガバナンス，戦略，リスク管理，指標および目標に関する開示の間のつながり）

これらの「つながり」を図示すると，**図表26－1**②のようになります。

経営者による説明や統合報告書は，外部環境，ビジネスモデル，資源や関係性などの幅広い情報を含んでおり，企業の財務業績および財政状態に影響を与えた諸要因ならびに企業が将来において価値を創出しキャッシュ・フローを生み出す能力に影響を与える可能性のある諸要因についての経営者の洞察を提供するものです。これには，重要なサステナビリティ関連のリスクおよび機会ならびに業績への実際の影響または予想される影響に関する経営者の見解や，サステナビリティ関連財務情報の作成において利用するデータや仮定と財務諸表の作成において利用される情報との整合性に関する説明が含まれます。これらの関係について，一貫性のある記述的な説明が提供されることにより，利用者はサステナビリティ関連財務情報と財務諸表とのつながりを理解することができます。

図表26－1　**情報のつながり**

①　サステナビリティ財務情報と他の一般目的の財務報告の間のつながり

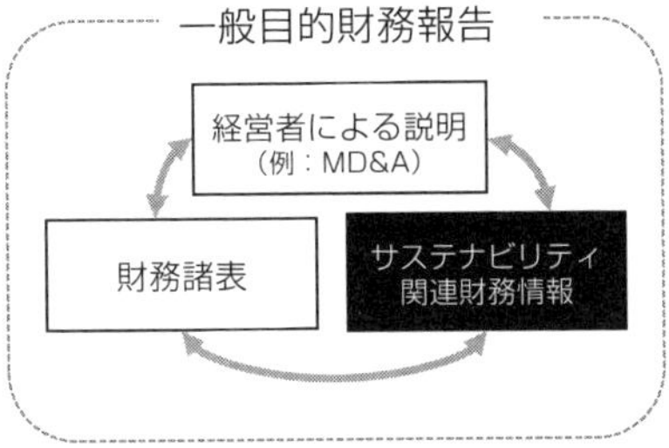

②　様々なサステナビリティに関するリスクと機会の間のつながり

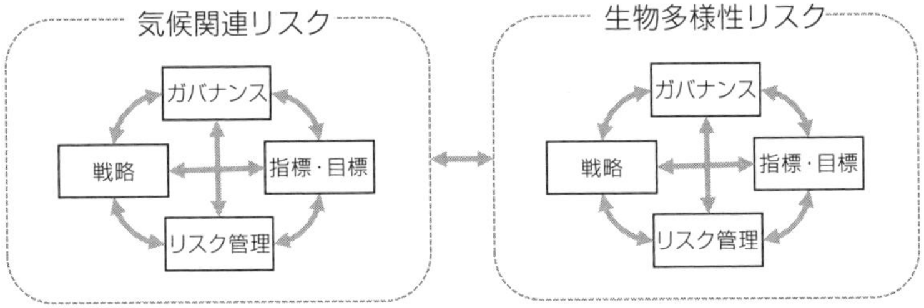

（出所：IFRS S1号に基づきKPMG作成）

Q27 サステナビリティ関連財務情報の作成において利用するデータおよび仮定

サステナビリティ関連財務情報の作成において利用するデータや仮定は，財務諸表の作成において使用するものと同じものとする必要がありますか？

A. サステナビリティ関連財務情報の作成において利用されるデータや仮定は，財務諸表の作成において利用されるものと可能な限り整合的でなければならないとされています。

ただし，IFRS会計基準における定め等によって整合的にならないことがあります。

解説

IFRS S1号では，サステナビリティ関連財務情報の作成において利用されるデータや仮定は，財務諸表の作成において利用されるものと可能な限り整合的でなければならないとされています（IFRS S1. 23）。

ただし，IFRS会計基準における定め等によって整合的にならないことがあります。例えば，IFRS会計基準に準拠して長期性資産の減損の検討において用いることが認められているデータや仮定は，IFRSサステナビリティ開示基準に準拠してサステナビリティ関連財務情報を作成するうえで必要なものと異なることがあります。

このような理由から，サステナビリティ関連財務開示を作成する際に利用されるデータや仮定が財務情報を作成する際に利用されるものと重要な相違がある場合，当該相違について開示することが要求されています（IFRS S1. B42）。

2－6　開示すべき情報の識別

Q28 開示対象とするリスクおよび機会の識別

開示対象とすべきサステナビリティ関連のリスクおよび機会の識別にあたり，IFRSサステナビリティ開示基準に加えて，どのようなものを参照する必要がありますか？

A. **開示対象とするサステナビリティ関連のリスクおよび機会の識別にあたっては，IFRSサステナビリティ開示基準の要求事項を適用するとともに，SASBスタンダードの開示トピックを参照し，企業が属する産業の開示トピックを開示対象とすべきかについて考慮する必要があります。**

解　説

IFRS S1号では，開示対象とするサステナビリティ関連のリスクおよび機会の識別にあたって，IFRSサステナビリティ開示基準の要求事項を適用するとともに，SASBスタンダードの開示トピックを参照し，企業が属する産業の開示トピックを開示対象とすべきかについて考慮することが要求されています(IFRS S1. 54, 55(a))。

また，IFRS S1号では，以下①～③について参照・考慮することができるとされています(IFRS S1. 55(b))。

① 水および生物多様性関連開示のためのCDSBフレームワーク適用ガイダンス

② 一般目的財務報告の利用者の情報ニーズを満たすように要求事項が設計されている他の基準設定主体による直近の公表文書

③ 同じ産業または地域において事業を営む企業によって識別されたリスクおよび機会

図表28－1　サステナビリティ関連のリスクおよび機会の識別

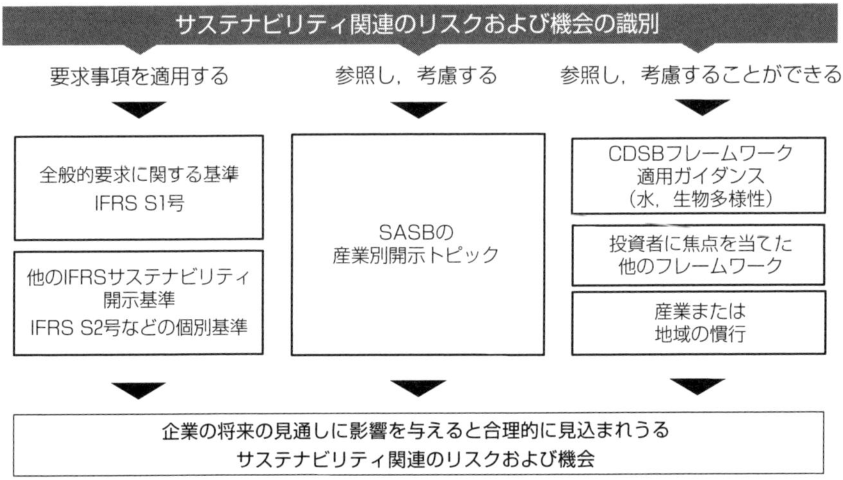

（出所：IFRS S1号に基づきKPMG作成）

Q29 開示すべき情報の決定

開示対象とするサステナビリティ関連のリスクおよび機会を識別した後，当該リスクおよび機会について開示すべき情報をどのように決定すればよいでしょうか？

A. **開示すべきサステナビリティ関連財務情報の決定にあたって，まず開示対象としたサステナビリティ関連のリスクおよび機会に関連したIFRSサステナビリティ開示基準を適用する必要があります。そのうえで，開示対象とするサステナビリティ関連のリスクおよび機会に関連する基準が存在しない場合，SASBスタンダードの開示トピックに関連する指標を開示すべきかについて考慮する必要があります。**

解　説

IFRS S1号では，開示対象とするサステナビリティ関連のリスクおよび機会の識別にあたって，IFRSサステナビリティ開示基準の要求事項を適用するとともに，SASBスタンダードに含まれている開示トピックに関連する指標を参照し，これらを開示すべきかについて考慮することが要求されています（IFRS S1. 56, 58(a)）。ただし，考慮した結果，SASBスタンダードで示されている指標について開示する必要はないと結論付けることもありうるとされています（IFRS S1. 58(a)）。

また，IFRS S1号では，IFRSサステナビリティ開示基準と矛盾しない範囲で，以下の①～③について参照・考慮することができるとされています（IFRS S1. 58(b)）。

① CDSBフレームワーク適用ガイダンス

② 一般目的財務報告の利用者の情報ニーズを満たすように設計されている他の基準設定主体による直近の公表文書

③ 同じ産業または地域において事業を営む企業により開示されている情報（指標を含む）

さらに，IFRS S1号では，IFRSサステナビリティ開示基準の目的を達成するうえで企業に役立つものであり，IFRSサステナビリティ開示基準と矛盾しない範囲で，GRIスタンダードおよび欧州サステナビリティ報告基準（ESRS）についても参照・考慮することができるとされています（IFRS S1. 58(c), C2)。ただし，これらを適用する結果，IFRSサステナビリティ開示基準により要求される重要な情報が覆い隠されることがないようにする必要があります（IFRS S1. C3)。

図表29－1　開示すべき項目の識別

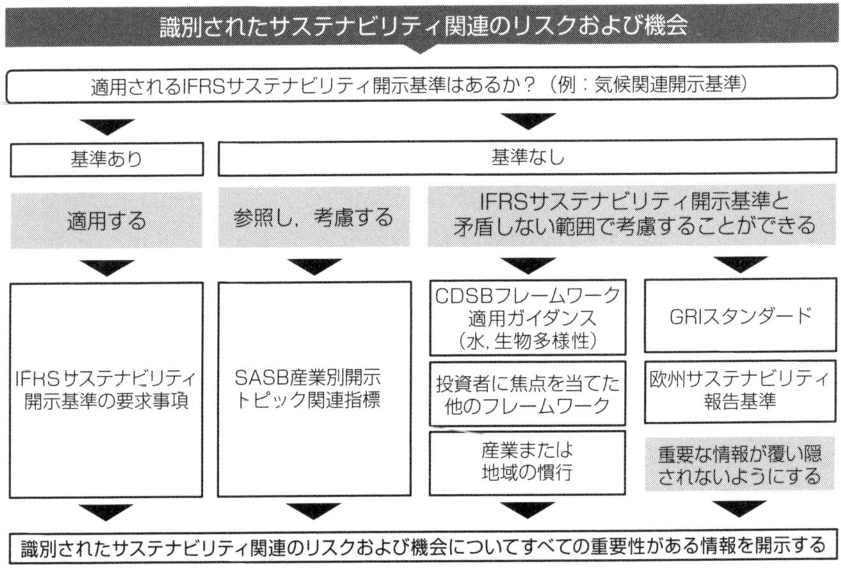

（出所：IFRS S1号に基づきKPMG作成）

Column ⑤ ダブルマテリアリティとダイナミック・マテリアリティ

1．ダブルマテリアリティ

ダブルマテリアリティとは，企業のサステナビリティ報告において，①環境・社会が企業の価値創造に与える影響についての重要性の観点（**図表29－2**①の図を参照）と，②企業活動が環境・社会に与える影響についての重要性の観点（**図表29－2**②の図を参照）の両面から重要性を検討するという考え方です。

このうち，①の「環境・社会が企業の価値創造に与える影響についての重要性の観点」は，環境・社会におけるサステナビリティ課題が企業の短期・中期・長期における財政状態および経営成績等に与える影響を理解するうえで重要かどうかという観点から開示すべき情報を判断するという考え方で，主に投資家への情報提供の観点と親和性が高いと考えられます。

他方，②の「企業活動が環境・社会に与える影響の重要性の観点」とは，企業活動が環境・社会といった外部へ与える影響を理解するうえで重要かどうかという観点から開示すべき情報を判断するという考え方であり，主に消費者，従業員，ビジネスパートナー，地域コミュニティへの情報提供の観点と親和性が高いと考えられます。

サステナビリティ関連情報の開示に関する基準・フレームワークのなかには，①に焦点を当てた考え方に基づくものだけでなく，②の観点を明示的に踏まえた考え方に基づくものもあります。例えば，IFRSサステナビリティ開示基準，SASBスタンダード，TCFD提言等は前者に該当しますが，GRIスタンダードやESRS等は後者に該当します。

図表29－2　ダブルマテリアリティ

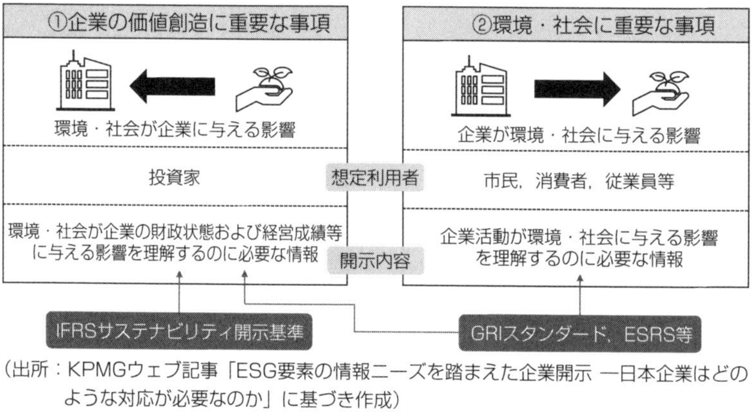

（出所：KPMGウェブ記事「ESG要素の情報ニーズを踏まえた企業開示 —日本企業はどのような対応が必要なのか」に基づき作成）

2．ダイナミック・マテリアリティ

ある時点において，企業が環境や社会に対して与える影響の観点から重要性があると判断していたサステナビリティ課題（**図表29－3**①）が，時の経過を経て，企業価値の評価の観点でも重要となることがあります（**図表29－3**②や③に移動）。例えば，COVID-19のような感染症の発症に関する投資家の関心は，COVID-19が蔓延する以前と以降で大きく変化している可能性があります。このように，あるサステナビリティ課題がどのような観点でどの程度重要性があるかは，時の経過に伴い変化する可能性がある動的（ダイナミック）なものと考えられます。このような考え方を「ダイナミック・マテリアリティ」として呼称することがあります。

IFRSサステナビリティ開示基準では，「ダイナミック・マテリアリティ」という用語自体は使用されていませんが，例えば，IFRS S1号では主要な利用者の情報ニーズは時間の経過とともに進展する場合もあることが示されており（IFRS S1. B18），こうした記述にダイナミック・マテリアリティの考え方が反映されていると考えられます。

図表29－3　ダイナミック・マテリアリティ

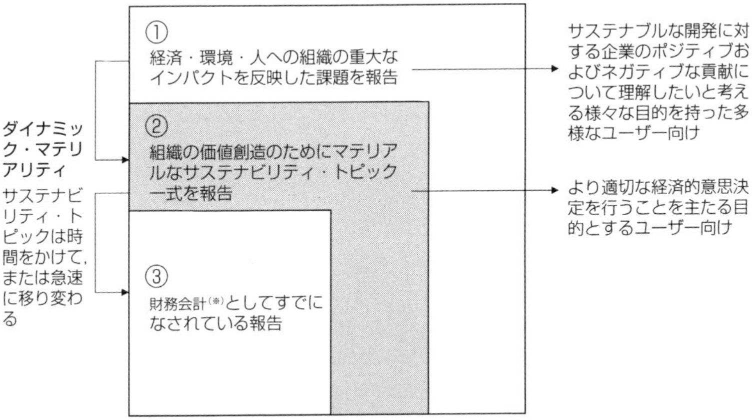

（※）想定やキャッシュ・フローの予測を含む

（出所：CDP,CDSB,GRI,IIRC and SASB "Statement of Intent to Work Together Towards Comprehensive Corporate Reporting"（出典元の許諾を得てKPMG日本語訳作成），①～③はKPMG挿入）

Q30 重要性がある情報の識別

開示すべきとされたサステナビリティ関連の事項について，開示すべき「重要性がある情報」とは何でしょうか？

A. 「重要性がある情報」とは，その情報を省略，誤表示，および不明瞭にしたりしたときに，一般目的財務報告書の主要な利用者が，財務諸表およびサステナビリティ関連財務開示を含む，当該報告書に基づいて行う意思決定に，その情報が影響を与えることが合理的に予想されうるものをいいます。

解説

企業は，企業の見通しに影響を与えることが合理的に見込まれうるサステナビリティ関連のリスクおよび機会に関して，重要性がある（material）情報を開示することが求められます（IFRS S1. 17）。重要性がある情報とは，その情報を省略，誤表示，および不明瞭にしたときに，一般目的財務報告の主要な利用者（IFRSサステナビリティ開示基準が想定している利用者の説明については，Q17参照）が，財務諸表およびサステナビリティ関連財務開示を含む当該報告に基づいて行う意思決定に，その情報が影響を与えることが合理的に予想されうるものをいいます（IFRS S1. 18）。ここで，主要な利用者の意思決定とは，企業への資源の提供に関連するものとなります（IFRS S1. B14）。

上記の意思決定は，主要な利用者が期待するリターン（例：配当，元本および利息の支払，持分の市場価格の上昇）に依存しています。この主要な利用者の期待は，企業に対する主要な利用者の評価に依存しています（IFRS S1. B15）。

情報が主要な利用者の意思決定に影響を与えることが合理的に予想されるかどうかを評価するにあたっては，利用者の特性および企業自身の状況を考慮することが求められます（IFRS S1. B16）。

個々の主要な利用者は，情報へのニーズや要求が異なっており，それらは相反する場合があります。また，主要な利用者の情報ニーズが時間の経過とともに進展する場合もあります。サステナビリティ関連財務開示は，主要な利用者に共通する情報ニーズを満たすことを意図しています（IFRS S1. B18）。

図表30－1　主要な利用者に共通する情報ニーズ

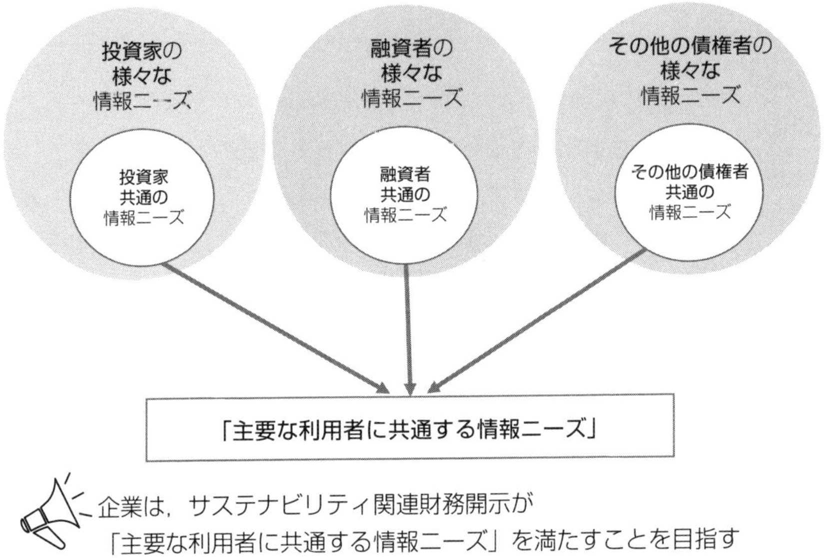

（出所：IFRS S1号に基づきKPMG作成）

2－7　情報の開示場所

Q31　サステナビリティ関連財務情報の開示場所

サステナビリティ関連財務情報は，どこに記載すべきでしょうか？

A.　IFRS S1号では，サステナビリティ関連財務情報は，企業の一般目的財務報告の一部として開示することが要求されています。また，一定の要件を満たす場合には，サステナビリティ関連財務情報を相互参照することにより，別個の報告書において開示することも認められます。

解　説

IFRS S1号では，原則として，サステナビリティ関連財務情報を企業の一般目的財務報告の一部として開示することが要求されています（IFRS S1. 60）。具体的には，適用される規制等で定めがある場合を除き，例えば，以下のように開示することが考えられます（IFRS S1. 61）。

(1)「経営者による説明（Management Commentary）又はMD＆Ａ」のセクションに含めて開示する。

(2) 独立したセクションにより開示する。

開示にあたっては，サステナビリティ関連財務情報が明確に識別され，追加の情報によって覆い隠されることがないようにする必要があります（IFRS S1. 62）。

また，サステナビリティ関連財務情報は，以下を満たすことを条件として，他の報告書に開示したうえで，当該開示と相互参照とすることも可能です（IFRS S1. 62, B45-B47）。

- 相互参照先の情報がサステナビリティ関連財務情報と同一条件で同時に利用できるようにされていること

- 相互参照をすることによって，完全な１組のサステナビリティ関連財務開示を理解することが困難とならないこと

仮に相互参照する場合，相互参照先の情報は，完全な１組のサステナビリティ関連財務開示の一部となり，IFRSサステナビリティ開示基準の要求事項に準拠することが必要となります。このため，一般目的の財務報告を承認する機関または個人は，相互参照先の情報についても同様の責任を負うことになります（IFRS S1. B46）。

また，相互参照の方法による場合，サステナビリティ関連財務開示において，当該参照先の報告書を明確に特定したうえで，当該報告書へのアクセス方法を説明する必要があります。相互参照にあたっては，当該報告書におけるどの部分を参照しているかを明示することが要求されています（IFRS S1. B47）。

2−8　報告期間，報告時期，報告頻度

Q32　サステナビリティ関連財務情報の報告期間と時期

サステナビリティ関連財務情報の報告を行う期間やタイミングについての定めはありますか？

A.　はい。企業が提供するサステナビリティ関連財務情報の報告期間は，原則として関連する財務諸表と同じ期間とし，両者は同時に報告しなければならないとされています。ただし，適用初年度においては，経過措置が設けられています。なお，期中報告に関する要求事項は定められていません。

解説

IFRSサステナビリティ開示基準では，サステナビリティ関連財務情報の報告を行う期間やタイミングについて，原則として財務諸表のものと同じとする必要があると定めています（IFRS S1. 1, 64）。これにより，サステナビリティ関連財務情報と財務諸表のつながりが強化されると考えられます。

しかし，現時点でこの要請を達成可能な企業は必ずしも多くはないとも考えられたため，IFRSサステナビリティ開示基準では，適用初年度について経過措置を設けています。経過措置の詳細については，**Q42**をご参照ください。

なお，サステナビリティ関連財務情報の報告期間は通常は12か月間ですが，決算期の変更等により，財務諸表の会計期間が12か月よりも長い，または短い期間となることもあると考えられます。この場合，サステナビリティ関連財務情報の報告期間についても整合させて変更し，①報告期間，②12か月よりも長いまたは短い期間である理由，③サステナビリティ関連財務情報における数値が完全には比較可能でない旨を開示する必要があります（IFRS S1. 65, 66）。

また，サステナビリティ関連財務情報の報告期間の期末日後ではあるものの，公表が承認される日より前に報告期間の末日現在の状況に関連する情報を入手

することがあります。こうした場合，その内容を踏まえてサステナビリティ関連財務情報の開示内容を修正する必要があります（IFRS S1. 67）。

なお，IFRSサステナビリティ開示基準には，企業にサステナビリティ関連財務情報について期中報告を行う旨を要求する定めはありません。ただし，企業が，規制当局や証券取引所等から期中報告を行うことを要求されたり，IFRSサステナビリティ開示基準を適用して期中報告を開示することを選択しようとしたりすることも考えられます。このような場合に，同基準に準拠した期中報告を行うことは禁止されていません（IFRS S1. 69）。

2－9　比較情報の開示

Q33 比較情報の開示は必要か

IFRSサステナビリティ開示基準に準拠する場合，サステナビリティ関連財務情報について比較情報の開示は必要でしょうか？　また，定性的記述についても比較情報が必要でしょうか？

A.　はい。当期に開示されるすべての数値情報について，比較情報の開示が必要となります。また，必要な場合，定性的記述についても比較情報の開示が必要となります。

ただし，IFRSサステナビリティ開示基準の適用初年度については，比較情報の開示について免除規定が設けられています。

解説

IFRSサステナビリティ開示基準では，当期に開示されるすべての数値情報（all amounts）について，前期分についての比較情報を開示することが求められます（IFRS S1. 70）。例えば，GHG排出量の開示（Q63参照）であれば，**図表33－1**のように当期数値の横に前期数値を記載することが考えられます。見積りの更新によって比較情報の内容が前期に開示した情報と異なっている場合，また使用する数値情報が変更されたものの，実務上の問題で比較情報の開示が不可能な場合の取扱いについては，Q34をご参照ください。

当期のサステナビリティ関連財務情報を理解するうえで関連する場合には，数値情報以外に文章で説明されている定性的記述についても，比較情報の開示が必要となります（IFRS S1. 70）。例えば，「戦略」の開示では，戦略およびキャッシュ・フローのレジリエンスの定性的分析に関する開示が求められますが（Q55参照），経営環境の変化により当期の戦略が変更された場合，前期の比較情報についても開示することが，当期のサステナビリティ関連財務情報のトレンドを把握するために有用であると判断される可能性があります。

ただし，IFRSサステナビリティ開示基準の適用初年度においては，比較情報の開示は不要とされています。また，初年度の開示を気候関連開示に限定する経過措置を選択する場合，およびGHG排出量の開示において適用初年度に特有の経過措置を適用する場合には，関連する比較情報が要求される期間についても１年の猶予が認められます（IFRS S1. E3, E5, E6, IFRS S2. C5）。適用初年度における免除規定については，**Q42**をご参照ください。

図表33－１　GHG排出量に関する比較情報の開示例

	20×1年	20×2年
スコープ１排出量（tCO_2e）		
連結会計グループ	××	××
関連会社，共同支配企業，非連結子会社又は上記に含まれない関係会社	××	××
合計	××	××
スコープ２排出量（tCO_2e）		
連結会計グループ	××	××
関連会社，共同支配企業，非連結子会社又は上記に含まれない関係会社	××	××
合計	××	××
スコープ３排出量（tCO_2e）		
カテゴリー×	××	××
カテゴリー×	××	××
カテゴリー×	××	××
（…）	（…）	（…）
合計	××	××

当期数値に併せて，
前期数値を開示する

（出所：IFRS S1号およびIFRS S2号に基づきKPMG作成）

Q34 比較情報－財務情報との相違点

比較情報について，サステナビリティ関連財務情報と財務諸表に表示される財務情報とで違いはありますか？

A. はい。IFRSサステナビリティ開示基準では，当期に将来予測に関係しない新たな情報が識別された場合，または報告期間の指標を再定義または置き換える場合，実務上不可能な場合を除き，比較情報の更新が要求されています。

当該取扱いは，IFRS会計基準や日本の会計基準による財務諸表に表示される財務情報に関する取扱い（一定の場合を除き，比較情報の更新を要求しない）と異なっています。

解　説

IFRSサステナビリティ開示基準では，指標について企業が前期に開示した見積りに関連する新たな情報を識別し，その情報が前期に存在した状況に関する証拠となる場合，その更新された内容を比較情報に反映し，比較情報を修正再表示する必要があります（IFRS S1. B50）。ただし，比較情報の修正が実務上不可能である，またはその指標が将来予測に関係するものである場合，比較情報の修正再表示は必要とされていません（IFRS S1. B51）。また，企業が報告期間の指標を再定義または置き換える場合についても，比較情報を修正再表示する必要があります（IFRS S1. B52）。

1　比較情報の修正が必要になる場合

例えば，以下のような場合については，比較情報の修正が必要になると考えられます。これは，会計上の見積りの変更を将来に向かって認識することとし，比較情報の修正は行わないとするIFRS会計基準や日本の会計基準の取扱いとは異なるものです（IFRS S1. BC150）。

(1) ケース1：データの利用可能性の変化

サステナビリティ関連指標の計算にあたってバリューチェーンのデータを使用していたが，前年度は100のサプライヤーのうち60から情報を入手し，残りについては推定計算をしていた。当年度において，前年度の情報について，残りの40の情報についてもサプライヤーから情報の入手が可能となった。

(2) ケース2：計算方法の変化

前年度は業界平均をインプットとしてサステナビリティ関連指標の計算を行っていた。当年度において，推定の精度を向上させるために計算方法の変更を行った。

2 比較情報の修正が不要である場合

一方で，以下のような場合については，比較情報の修正は不要であると考えられます。ただし，いわゆる「後知恵」の使用を伴わないのであれば，企業が任意で将来予測に関係する指標の比較情報を修正することは認められています(IFRS S1. B51(b))。

(1) ケース3：将来予測の見積りの変化（現在の状況の変化）

前年度，サステナビリティ関連のリスクに対応するための新たな設備購入への支出を1,000百万円と予想していた。当年度において，設備価格の上昇により1,250百万円の支出を行った。

(2) ケース4：将来予測の見積りの変化（新たな事象の発生）

前年度（20x1年），水関連のリスクに対応するために将来4年間（20x2～20x5年）にわたって1,500百万円を支出すると予想していた。当年度において，新たな水関連の規制が公表され，その対応のために将来4年間（20x3～20x6年）で予想される支出が1,800百万円に修正された。

(3) ケース5：将来予測の見積りの変化（複合）

前年度（20x1年），サステナビリティ関連の機会から生じる将来5年間

（20x2〜20x6年）の収益を，年間5,000百万円であると見積っていた。当年度，上記見積りに用いた仮定を変更し，残り4年間（20x3〜20x6年）の収益の見積りを年間5,750百万円に修正した。

3　前期と異なる比較情報を報告する場合

また，前期に報告した情報と異なる比較情報を報告する場合，その理由に応じて以下の情報を開示する必要があります（IFRS S1. B50, B52）。

(1)　新たな情報を入手した場合

- 新たな情報を反映した更新後の比較情報
- 前期に報告された数値と更新後の数値との差額
- 数値が更新された理由

(2)　指標を再定義または置き換える場合

- 新たな方法による比較情報（実務上不可能でない場合）
- 変更の内容
- 変更された理由（置き換わった指標がより有用な情報を提供する理由を含む）

なお，状況によっては，過去の期間の比較情報を調整することが実務上不可能である場合があります。例えば，過去の期間において，当期に新たに定義された指標および目標を表示するためのデータが収集されておらず，情報を追加的に収集することに実務上不可能な場合等が考えられます。このような場合は，比較情報を更新する必要はありませんが，その旨を開示することが要求されています（IFRS S1. B51, B54）。

比較情報の見積りの更新について図表にまとめると，**図表34－1**のようになります。

図表34－1　見積りの更新に伴う比較情報の開示

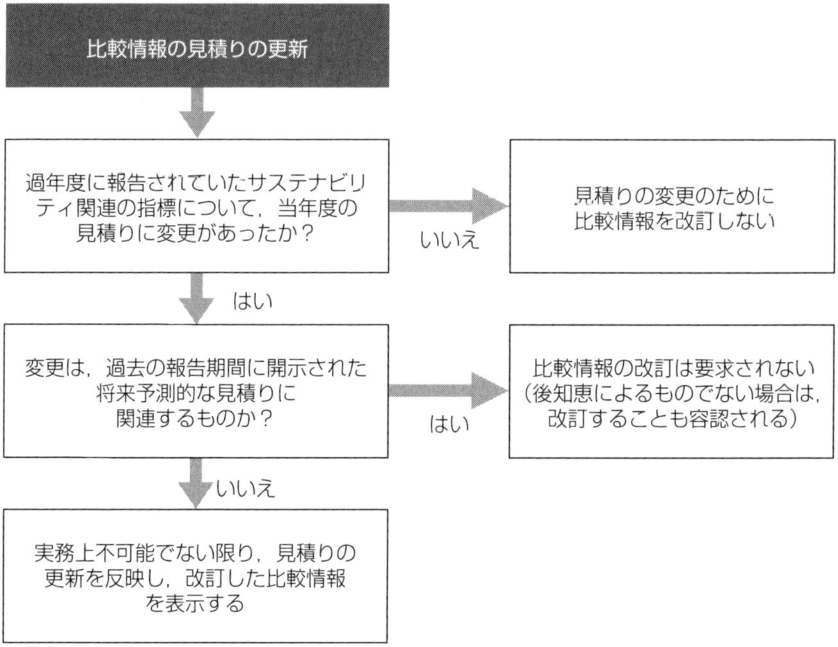

（出所：IFRS S1号に基づきKPMG作成）

2－10　準拠表明

Q35　IFRSサステナビリティ開示基準の部分的な適用

IFRSサステナビリティ開示基準のうち，IFRS S2号のみを適用し，同基準に準拠した気候関連の開示を行った旨を表明することは可能でしょうか？

A.　**いいえ。IFRSサステナビリティ開示基準に準拠した旨を表明する場合，IFRSサステナビリティ開示基準の要求事項のすべてに準拠することが必要とされています。一部だけに準拠した旨を表明することは認められていません。**

解　説

IFRSサステナビリティ開示基準に準拠した旨を表明する場合，IFRSサステナビリティ開示基準の要求事項のすべてに準拠することが必要とされており，一部だけに準拠した旨を表明することは認められていません（IFRS S1. 72）。このため，IFRS S2号のみを適用してIFRSサステナビリティ開示基準に準拠した気候関連の開示を行った旨を表明することはできません。

ただし，IFRSサステナビリティ開示基準の適用初年度においては，経過措置が設けられており，気候関連のリスクおよび機会のみを報告対象のサステナビリティに関するリスクおよび機会として選択することができます。これによると，気候関連のリスクおよび機会のみを報告対象としてIFRSサステナビリティ開示基準に準拠している旨を表明することができます。ただし，この場合でも，報告対象とするリスクおよび機会の識別に係る要求事項の部分以外については，IFRS S1号の要求事項を適用することが必要です（IFRS S1. E5）。

2－11 判断，不確実性および誤謬

Q36 「判断」に関する開示

サステナビリティ関連財務情報の作成において行使した「判断」について開示することが必要でしょうか？

A. **はい。企業は，サステナビリティ関連財務開示の作成プロセスにおいて行使した判断のうち，開示情報に最も重大な影響を与えた判断に関する情報について開示することが必要です。**

解　説

企業はサステナビリティ関連財務情報の作成過程において，見積り（Q37参照）を伴うものとは別に，開示情報に重大な影響を与える可能性がある様々な判断を行うことが想定されます。このような状況としては，例えば以下のようなものが考えられます（IFRS S1. 75）。

(1) 企業の見通しに影響を与えると合理的に見込まれうるサステナビリティ関連のリスクおよび機会の識別
(2) 開示対象とするサステナビリティ関連のリスクおよび機会の識別にあたってどのガイダンスを適用すべきかの決定
(3) サステナビリティ関連財務開示に含めるべき重要性がある情報の識別
(4) 事象や状況の変化の重大性が高く，企業のバリューチェーン全体において影響を受けるすべてのサステナビリティに関するリスクまたは機会の範囲について再評価が必要となるかの評価

IFRS S1号では，こうした判断のうち最も重大な影響を与えたものについて，一般目的財務報告の利用者が当該判断について理解できるような情報を開示することが要求されています。この考え方は，一般目的財務報告に関連するIFRS会計基準で定められている「判断」の開示に関する定めと概ね整合しています（IFRS S1. 74, IAS1. 122）。

Q37 「測定の不確実性」に関する開示

サステナビリティ関連財務情報の報告においては見積りが必要になり，測定に関する不確実性が伴うことがあります。こうした「測定の不確実性」について開示することが必要でしょうか？

A. **はい。サステナビリティ関連財務開示において報告される数値情報に最も重大な影響を与えている不確実性に関する情報について開示することが必要です。**

解説

サステナビリティ関連財務情報のなかには，将来の事象・状況に関連するものや，関連するデータを直接入手することができないもの，または確立された測定手法がないものなどがあり，定量的な情報を直接測定することができない場合があります。このため，合理的な見積りの使用は，サステナビリティ関連財務情報の報告において不可欠なものと考えられます（IFRS S1. 79）。

見積りには不確実性を伴いますが，見積りに関する情報が正確に記述され説明されている場合には，不確実性のある見積りを使用していたとしても，情報の有用性が阻害されるわけではないと考えられます。そのため，IFRSサステナビリティ開示基準は，企業に対して，サステナビリティ関連財務情報において報告した数値情報に最も重大な影響を与えている不確実性について，一般目的財務報告の利用者が理解できるような情報を開示することを求めています（IFRS S1. 77）。

具体的には，測定の不確実性が高い数値情報を特定したうえで，以下の開示を行うことが求められます（IFRS S1. 78）。

- 測定の不確実性の源泉（例えば，将来事象の結果，測定手法，または企業のバリューチェーンからのデータの入手可能性やデータの品質に依存していること）
- 企業が数値情報の測定を行った際に用いた仮定，推定計算および判断

企業がどのような情報をどの程度開示すべきかは，サステナビリティ関連財務開示で報告されている数値情報の性質によると考えられます（IFRS S1. 81）。

Q38 「合理的で裏付け可能な情報」の利用

IFRS S1号およびS2号では，一部の開示要求に関して，「過大なコストや労力をかけずに，報告日時点において利用可能な合理的で裏付け可能な情報」を利用することを要求していますが，これはどのようなものでしょうか？

A. **IFRS S1号およびS2号では，一部の開示要求に関して，「過大なコストや労力をかけずに，報告日時点において利用可能な合理的で裏付け可能な情報」を利用することを要求しています。これは，IFRSサステナビリティ開示基準の適用にあたって過度な負担とならないようにすることを意図したものです。**

解　説

IFRSサステナビリティ開示基準には，IFRSサステナビリティ開示基準の適用にあたって過度な負担とならないようにするため，以下の開示要求に関して，「過大なコストや労力をかけずに，報告日時点において利用可能な合理的で裏付け可能な情報」（以下，「合理的で裏付け可能な情報」という）に基づいて開示する旨を明示しています。

（IFRS S1号）

- 開示対象とするリスクおよび機会の識別
- 予想される財務影響の開示
- バリューチェーンの範囲の決定

›››

（IFRS S2号）

- 気候関連のシナリオ分析
- スコープ３のGHG排出量の測定
- 一部の産業横断的な指標（気候関連の移行リスク，気候関連の物理的リスク，気候関連の機会）に関する測定

‹‹‹

これは，IFRS会計基準のIFRS第９号「金融商品」における予想信用損失やIFRS第17号「保険契約」における将来キャッシュ・フローを見積る際に採用されている考え方と同じものであり，以下２つの要素に区分することができます（IFRS S1. B8-B10）。

図表38－1　合理的で裏付け可能な情報の特性

区　分	内　容
合理的で裏付け可能なすべての情報（all reasonable and supportable information）	・合理的で裏付け可能な情報には，企業固有の要因，および外部環境における一般的な要因が含まれる。
過大なコストや労力をかけずに，報告日時点において企業が利用可能である（that is available to the entity at the reporting date without undue cost or effort）	・財務諸表の作成，事業モデルの実施，戦略の策定，リスクおよび機会の管理に関して企業が利用している情報は，過大なコストをかけることなく，企業が利用可能と考えられる。 ・企業は，すべての事項にわたって網羅的に調査する必要はない。 ・「過大なコストや労力」に該当するかどうかは，情報を入手するのに必要なコストや負荷と主要な利用者が入手する情報に関する便益を比較衡量したうえで判断する必要がある。 ・このコスト・便益の判断は，時間の経過とともに変化する可能性がある。

（出所：IFRS S1号に基づきKPMG作成）

Q39 誤謬があった場合の対応

過去の期間で報告した情報に重要性がある誤謬があった場合，どのようにすればよいでしょうか？

A. **過去の期間で報告した情報に重要性がある誤謬があった場合，実務上不可能でない限り，開示された過去の期間の数値を，修正再表示することにより訂正する必要があります。**

解説

過去の期間で報告した情報に誤謬があり，当該誤謬に重要性がある場合，実務上不可能でない限り，開示された過去の期間の比較対象の数値を修正再表示することによって訂正することが必要となります（IFRS S1. 83）。過去の期間の誤謬とは，過去１期以上の期間に係るサステナビリティ関連開示における脱漏または誤表示のことをいいます。こうした脱漏や誤表示は，その期におけるサステナビリティ関連財務開示の発行が承認される時点で入手可能であった情報や，当該開示の作成において入手し考慮することが合理的に期待される情報を利用しなかったか，誤って利用したために生じるものです。なお，誤謬には，計算上の誤り，指標および目標の定義の適用の誤り，事実の見落しまたは解釈の誤りならびに不正行為の影響も含まれます（IFRS S1. 83-86, B55, B56）。

また，関連するデータを入手することができないことなどの理由から，表示されている過去のすべての期間について遡って誤謬の影響を決定することが実務上不可能であることがあります。このような場合には，実務上可能な最も古い日付から誤謬を訂正して比較情報を修正再表示しなければならないとされています（IFRS S1. B59）。

過去の期間のサステナビリティ関連財務情報に重要性がある誤謬を識別した場合，以下の開示が必要となります（IFRS S1. B58）。

(1) 過去の期間における誤謬の性質
(2) 表示されている過去の各期間について，実務上可能な範囲で訂正した旨
(3) 誤謬の訂正が実務上不可能である期間を含む場合，その理由，および誤謬がどのように，またいつから訂正されているかについての説明

2－12　基準適用の円滑化を図るための措置

Q40　規模等に応じた要求事項の適用

IFRSサステナビリティ開示基準では，企業に規模等による相違があることを踏まえて柔軟な適用が認められているでしょうか？

A.　はい。規模等に応じて弾力的に基準を適用できるように，一定の措置が講じられています。

解説

IFRS サステナビリティ開示基準が「グローバル・ベースライン」となるためには，一部の企業のみならず，幅広い企業に適用可能な基準でなければなりません。しかし，IFRSサステナビリティ開示基準を適用するにあたっての能力および準備状況は企業により様々であり，一部の企業では，リソースの制約，担当者の専門性の欠如やデータの入手可能性に関する制約などにより，すべての開示要件に準拠するのが困難であるという課題が指摘されてきました（IFRS S1. BC8, IFRS S2. BC14）。

こうした課題に対処するため，ISSB は，幅広い企業が IFRS サステナビリティ開示基準を適用することを支援する目的で，規模等に応じて弾力的に基準を適用できるように，次のような措置を講じています。

1　「報告日時点で過大なコストや労力をかけずに利用可能な合理的で裏付け可能な情報」の概念の導入

IFRS S1号およびS2号では，判断または測定の不確実性の程度が高い特定の領域において，「報告日時点で過大なコストや労力をかけずに利用可能な，合理的で裏付け可能なすべての情報」（**Q38**参照）の概念を導入しています（IFRS S1. BC9, IFRS S2. BC15）。

この概念は，開示すること自体を免除するものではなく，企業が開示を作成する際に考慮すべき情報の範囲を明確にするものです。これにより，企業は開示のために網羅的な調査（exhaustive search）を行う必要はなく，過大なコストや労力をかけない範囲で，報告日時点における利用可能なすべての情報を用いて開示することで，基準の開示要件を満たすことが可能となります。詳細は，**Q38**をご参照ください。

2　スキル・能力・リソースの考慮

IFRS S1号およびS2号では，一定の場合において，企業のスキル，能力およびリソースを考慮することを要求しています（IFRS S1. BC9, IFRS S2. BC15）。具体的には，気候関連シナリオ分析へのアプローチを決定する際に，企業は気候関連のリスクと機会に対する企業のエクスポージャーのみならず，企業のスキル，能力およびリソースといった企業の状況を考慮することとされています（IFRS S2. B2）。

例えば，企業が初めて気候関連シナリオ分析を実施する場合や気候関連シナリオ分析が一般に使用されていない業界に属している場合には，スキルと能力を開発するためには多くの時間を必要とする可能性があります。シナリオ分析手法には，定性的なものから高度な定量的なモデルまで幅広い実務が含まれますが，どのような手法を採用するかなどは，こうした企業の状況を考慮することとし，時間の経過とともに分析の実施水準を改善していくことが期待されています（IFRS S2. B7-8, B14-15, BC65）。詳細は**Q57**および**Q58**をご参照ください。

このほか，将来において予想される影響に係る定量的な情報の開示についても，スキル・能力・リソースの考慮がなされています（IFRS S1. 39, IFRS S2. 20）。詳細は，**Q54**をご参照ください。

3　移行時の負担軽減措置

IFRS S1号およびS2号は，移行時の企業負担を軽減するため，適用初年度の開示要件を一部緩和する経過措置を設けています。具体的な初年度における免除規定の詳細は，**Q42**をご参照ください。

図表40－１　規模等に応じて弾力的に基準を適用できるようにするためのメカニズム等

領　域	規模等に応じて弾力的に基準を適用できるようにするためのメカニズム		経過措置（上記３）
	「報告書日時点で過大なコストや労力をかけずに利用可能な合理的で裏付け可能な情報」の概念（上記１）	スキル・能力・リソースの考慮（上記２）	
リスクと機会の特定	○		
バリューチェーンの範囲の決定	○		
予想される財務的影響	○	○	
気候関連のシナリオ分析	○	○	
スコープ１・２のGHG排出量の測定			○
スコープ３のGHG排出量の測定	○		○
特定の産業横断的指標カテゴリーの指標の計算	○		
その他の分野（適用初年度における報告のタイミング・比較情報など）			○

（出所：IFRS S1号およびS2号に基づきKPMG作成）

Q41 秘匿性のある情報の開示

IFRSサステナビリティ開示基準によると，商業的な機密に属する情報についても必ず開示が要求されることになるのでしょうか？

A. **いいえ。一定の条件に該当する場合には，サステナビリティ関連の機会に関する商業的な機密に属する情報の開示が免除されます。**

解説

サステナビリティ関連の機会に関する情報のなかには，企業の商業的な機密に属する情報に該当するものも含まれる可能性があります。商業的な機密に属する情報は，企業の競争優位性と不可分なものであることから，それらについても開示を強制することは，企業の競争力を低減させ，商業的なデメリットを引き起こすことにつながりかねません。

このため，IFRS S1号では，サステナビリティ関連の機会について，以下のすべての条件に該当する場合に限って，商業的な機密に属する情報の開示が免除されています（IFRS S1. B34-35）。

- 当該機会に関する情報が，一般に公開されていない。
- 情報を開示することにより，企業がその機会を追求することで実現できる経済的便益を著しく損なうことが合理的に見込まれる。
- 企業がその機会を追求することで実現できる経済的便益を著しく損なうことなく，開示要求の目的を満たすように（例えば，集約されたレベルで）その情報を開示することが不可能であると企業が判断している。

この開示免除は，当該情報の開示がIFRSサステナビリティ開示基準において求められ，かつ，その情報が重要である場合においても認められます。

また，企業が当該免除規定を利用して開示を省略する場合，省略された開示項目ごとに以下の対応が必要となります（IFRS S1. B36）。

- 免除規定を利用して情報を開示していない旨を開示すること
- 各報告日において，当該情報が免除規定の要件に該当しているかについ

て再評価を実施すること

なお，当該免除規定をサステナビリティ関連のリスクに関する情報について適用することは認められておらず，また，広くサステナビリティ関連財務情報を開示しないとする根拠として用いることも認められていません（IFRS S1.B37）。

Q42 初年度における免除規定

IFRS S1号およびS2号では，基準適用初年度において免除規定が設けられていますか？

A. はい。IFRSサステナビリティ開示基準では，基準適用初年度において，実務への便宜を図る観点から，いくつかの免除規定が設けられています。

解説

IFRSサステナビリティ開示基準では，基準適用初年度において企業の実務への便宜を図る観点から，以下の免除規定が設けられています。

1　比較情報の省略（IFRS S1. E3, S2. C3）

IFRSサステナビリティ開示基準は，開示されるすべての数値情報について，比較情報の開示を求めています（Q33参照）。

しかし，基準適用初年度においては，比較情報の開示を行う必要はないとされています。

2　気候関連以外のサステナビリティ関連リスクおよび機会の開示の省略（IFRS S1. E5-E6）

IFRSサステナビリティ開示基準は，企業の見通しに影響を及ぼすと合理的に見込まれうるすべてのサステナビリティ関連のリスクおよび機会について開示することを求めています（Q13参照）。

しかし，基準適用初年度においては，IFRS S2号に従い気候関連リスクおよび機会についてのみ開示し，気候関連リスク以外のサステナビリティ関連リスクおよび機会については，適用２年目から開示することを認めています。この免除規定を適用する場合，企業は，その旨を開示することが求められます。

なお，この免除規定を適用する場合，**1**で示した比較情報の省略に関する免除規定が適用されます。したがって，適用初年度の気候関連のリスクおよび機会についての開示に際し，当該リスクおよび機会についての比較情報を開示する必要はありません。また，適用2年目に気候関連以外のサステナビリティ関連リスクおよび機会について初めて開示する際は，それらのリスクおよび機会に関する比較情報を開示する必要はありません。

3　報告の実施時期（IFRS S1. E4）

IFRSサステナビリティ開示基準では，原則としてサステナビリティ関連財務情報を，関連する財務諸表と同時に報告することが求められています（Q32参照）。

しかし，基準適用初年度においては，サステナビリティ関連財務情報を財務情報の公表後に開示することが認められています。この免除規定を適用する場合，企業は，**図表42－1**に記載のとおり，期中報告の実施時期に応じて，サステナビリティ関連財務情報を報告する必要があります。

図表42－1　報告の実施時期に関する緩和措置の適用

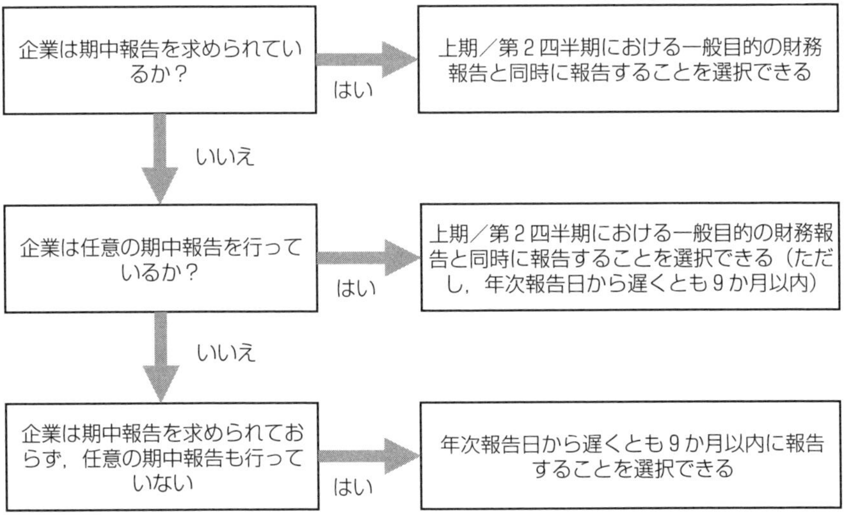

（出所：IFRS S1号に基づきKPMG作成）

4　スコープ3のGHG排出量（IFRS S2. C4(b)，C5）

IFRS S2号では，スコープ3のGHG排出量について開示することが求められています（Q68参照）。

しかし，基準適用初年度に限り，スコープ3のGHG排出量について開示を省略することが認められています。なお，この免除規定は，企業が適用2年目以降に初めてスコープ3の排出量を開示する年度においても引き続き適用されます。したがって，企業は，適用初年度のスコープ3のGHG排出量を適用2年目以降の比較情報として開示する必要はありません。

5　GHG排出量の計算におけるGHGプロトコルの利用（IFRS S2. C4(a), C5）

IFRS S2号は，スコープ1，スコープ2およびスコープ3のGHG排出量について，GHGプロトコルのコーポレート基準を用いて算定することを求めています（Q64参照）。

しかし，過年度よりスコープ1，スコープ2およびスコープ3のGHG排出量をGHGプロトコルのコーポレート基準以外の方法で算定している場合には，適用初年度においてもその方法で算定することが認められています。なお，企業は，適用2年目はスコープ1，スコープ2およびスコープ3のGHG排出量についてGHGプロトコルのコーポレート基準を用いて開示することとなりますが，この免除規定を適用する場合，比較情報として開示する適用初年度の排出量についてGHGプロトコルのコーポレート基準により再計算することは求められていません。

第3章

基準により求められる具体的な開示内容を理解しよう

3－1　コア・コンテンツの全体像

Q43　基準により開示が要求される項目

IFRSサステナビリティ開示基準により求められる開示には，どのようなものがありますか？

A.　IFRSサステナビリティ開示基準では，企業の短期・中期・長期の見通しに影響を与えるすべてのサステナビリティ関連のリスクおよび機会に関する情報について，4つのコア・コンテンツ（①ガバナンス，②戦略，③リスク管理，④指標および目標）の開示が求められています。

解説

1　開示事項の全体像

IFRSサステナビリティ開示基準のIFRS S1号では，TCFD提言に基づき，短・中・長期にわたって企業のキャッシュ・フロー，ファイナンスへのアクセス，資本コストの見通しに影響を与えることが合理的に見込まれうるすべてのサステナビリティ関連のリスクおよび機会の情報の開示に際して，「ガバナンス」，「戦略」，「リスク管理」および「指標および目標」の4つの領域に関する開示が求められています。IFRSサステナビリティ開示基準では，これらをまとめて「コア・コンテンツ」と呼んでいます。気候関連開示に関するIFRS S2号では，気候関連についてコア・コンテンツとして何を記載すべきかが規定されており，また，気候関連に固有の開示も求められています。

図表43－1　4つのコア・コンテンツ

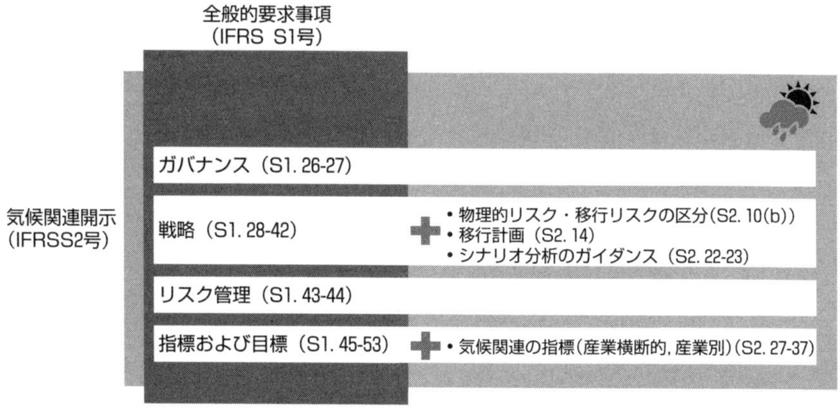

（出所：IFRS S1号およびS2号に基づきKPMG作成）

2　各コア・コンテンツの内容

各コア・コンテンツの具体的な内容は，以下のとおりです。

(1)　ガバナンス

「企業がサステナビリティ関連のリスクおよび機会をモニタリングおよび管理するために用いるガバナンスのプロセス，統制および手続」（IFRS S1. 25(a)）を利用者が理解するための情報として，ガバナンス機関や経営者の役割に関する情報についての開示が求められています（IFRS S1. 27, IFRS S2. 6）。

詳細については**Q46**をご参照ください。

(2)　戦　略

「企業がサステナビリティ関連のリスクおよび機会を管理するために用いるアプローチ」（IFRS S1. 25(b)）を利用者が理解するための情報として，サステナビリティ関連のリスクおよび機会とその影響，リスクに対する戦略のレジリエンス等の開示が求められています（IFRS S1. 29, IFRS S2. 9）。

また，IFRS S2号においては，企業がさらされている気候関連のリスクを物理的リスクと移行リスクの２つに分類したうえで，それらに関する情報，移行計画，気候レジリエンス（Q55参照）に関連する情報等についての開示も求められています（IFRS S2. 10, 14, 22-23）。

詳細については**Q48**をご参照ください。

(3) リスク管理

「企業がサステナビリティ関連のリスクおよび機会を識別，評価，優先順位付けおよびモニタリングするために用いたプロセス」（IFRS S1. 25(c)）を利用者が評価するための情報として，リスクおよび機会の識別，評価，優先順位付けおよびモニタリングするプロセスと関連する方針，それらのプロセスの企業の総合的なリスク管理プロセスへの統合の程度や方法等についての開示が求められています（IFRS S1. 44, IFRS S2. 25）。

詳細については**Q59**をご参照ください。

(4) 指標および目標

「企業が設定した目標や，法令および規則の遵守に向けた進捗を含む，サステナビリティ関連のリスクおよび機会に関する企業のパフォーマンス」（IFRS S1. 25(d)）を利用者が理解するための情報として，設定した指標，目標に関する情報および目標に対するパフォーマンス等の開示が求められています（IFRS S1. 46-53）。

また，気候関連では産業横断的指標，産業別の指標，および企業固有の指標の３つのカテゴリーに基づく開示が求められています（IFRS S2. 28-37）。

詳細については**Q61～Q63**，**Q74**，**Q75**をご参照ください。

Q44 複数の基準にかかるコア・コンテンツの記載方法

4つのコア・コンテンツは，IFRS S1号およびS2号の両方に規定があります。それぞれについて区分して記載する必要がありますか？

A. **4つのコア・コンテンツを各基準が扱うサステナビリティ課題ごとに区分して記載する必要はありません。共通の情報項目の開示に際しては，不必要な繰り返しを行うことにより冗長で不明瞭な記載とならないように留意することとされています。**

解説

IFRS S1号では，IFRSサステナビリティ開示基準が他に容認または要求している場合を除き，4つのコア・コンテンツを開示することが求められています(IFRS S1. 11)。ただし，4つのコア・コンテンツを各基準が扱うサステナビリティ課題ごとに区分して開示するような明示規定はなく，むしろ，以下に記載のとおり，このような重複は避けることとされています。

有用なサステナビリティ関連財務情報の補強的な質的特性の1つに「理解可能性」があります。この観点からは，開示される情報は明瞭かつ簡潔であることが求められます。これを踏まえてIFRS S1号では，「IFRSサステナビリティ開示基準が共通の情報項目の開示を要求する場合，企業は不必要な繰り返しを避けなければならない」(IFRS S1. B42(b)，IFRS S2. 7）としています。例えば，企業が気候変動や生物多様性等の複数のサステナビリティ課題に関連するガバナンスやリスク管理を統合して管理している場合，それぞれのサステナビリティ課題のガバナンスやリスク管理について繰り返し同一の内容を記載すると，開示情報が冗長となるだけでなく，企業が統合的にガバナンスやリスク管理を行っている，という事実が不明瞭になるおそれもあります。

どのようなケースが「不必要な繰り返し」に該当するかは企業の判断によりますが，利用者の理解の促進につながる適切な開示となるように簡潔で明瞭な開示を行うことが求められるものと考えられます。

Q45 コア・コンテンツの開示様式

コア・コンテンツについて，決まった開示様式はありますか？

A. いいえ。IFRSサステナビリティ開示基準では，コア・コンテンツをどのように開示すべきかについて，特に開示様式は規定されていません。

解 説

IFRSサステナビリティ開示基準は，サステナビリティ関連のリスクおよび機会に関する情報について，4つのコア・コンテンツを開示することを求めています。しかし，これらのコア・コンテンツは，IFRSサステナビリティ開示基準において求められる開示内容の構造を示すものであり，開示の具体的な順序や規定された様式を示すものではありません（IFRS S1. BC43）。

各法域の制度においてサステナビリティ関連情報の開示様式が定められている場合，企業はそれに準拠することとなります。他方，そのような規制がない場合，企業は利用者の理解の促進につながる最も適切な開示様式を自ら策定することが必要となります。その際には，例えば，IFRS S1号に基づき以下のような事項を考慮することが考えられます。

- サステナビリティ関連財務情報の基本的な質的特徴（関連性，忠実な表現）および補強的な質的特性（比較可能性，検証可能性，適時性，理解可能性）が確保されているか（Q18参照）
- 異なるサステナビリティ関連のリスクおよび機会の間のつながり，サステナビリティ関連財務情報のなかでのつながり，サステナビリティ財務情報と財務諸表とのつながりが適切に開示されているか（Q26参照）
- 情報の集約や分解は適切に行われているか（Q20参照）
- 共通の情報項目の開示をする場合に不必要な繰り返しとなっていないか（Q44参照）

3－2　ガバナンス

Q46　コア・コンテンツの「ガバナンス」に関する開示項目

コア・コンテンツの「ガバナンス」に関して，どのような開示が求められますか？

A.　**コア・コンテンツの「ガバナンス」に関して，「監督する機関に関する情報」と「経営者の役割に関する情報」の開示が求められています。**

解説

コア・コンテンツの「ガバナンス」の開示の目的は，「一般目的財務報告の利用者が，サステナビリティ関連のリスクおよび機会をモニタリングし管理するために用いるガバナンスのプロセス，統制および手続を理解できるようにすること」(IFRS S1. 26) です。

この目的を達成するため，IFRSサステナビリティ開示基準は，以下の情報を開示することを求めています。

- サステナビリティ関連のリスクおよび機会を監督する機関に関する情報
- サステナビリティ関連のリスクおよび機会を監督するプロセスにおける経営者の役割に関する情報

具体的な開示項目は，**図表46－1**のとおりです (IFRS S1. 27, IFRS S2. 6)。

»»»

なお，「ガバナンス」の開示について，IFRS S1号とIFRS S2号の間には，S2号が気候関連のガバナンスに関する情報に焦点を当てているという点を除き，開示内容に差はありません。

«««

図表46－1　「ガバナンス」の開示項目

情　報	開　示　内　容
監督する機関に関する情報	・サステナビリティ関連のリスクおよび機会を監督する機関または個人の責任が，企業の付託事項，義務およびその他の方針にどのように反映されているか。
	・上記の機関または個人が，企業のサステナビリティ関連のリスクおよび機会に対応するための戦略を監督するためのスキルやコンピテンシーを利用可能としているか，あるいは開発するかをどのように決定しているか。
	・上記の機関または個人が，サステナビリティ関連のリスクおよび機会に関する情報をどのように，どの頻度で伝達されているか。
	・上記の機関または個人が，企業の戦略，主要な取引に関する意思決定，およびリスク管理方針を監督する際に，サステナビリティ関連のリスクおよび機会をどのように考慮しているか（それらのリスクおよび機会に関連するトレードオフの評価を含む）。
	・上記の機関または個人が，サステナビリティ関連のリスクおよび機会の目標設定をどのように監督し，その進捗をどのようにモニタリングしているか（パフォーマンス指標が報酬に係る方針に含まれているか，含まれている場合にはどのように含まれているか，を含む）。
経営者の役割に関する情報	・経営者の役割が，特定の経営者レベルの地位または委員会に委任されているか。委任されている場合にはどのように監督されているか。
	・経営者はサステナビリティ関連のリスクおよび機会の監視を支援する統制および手続を利用しているか。利用している場合には，その他の内部機能とどのように統合されているか。

（出所：IFRS S1. 27を参考にKPMG作成）

Q47 ガバナンスの開示による影響

IFRSサステナビリティ開示基準の適用により，既存のガバナンス（例：取締役会や経営者の責任範囲等）に何らかの変更が必要となる可能性はありますか？

A. IFRSサステナビリティ開示基準では，ガバナンスに関連する開示について，企業のガバナンスのプロセス，統制および手続の開示を求めていますが，これは開示が求められる内容を定めるものであり，企業のガバナンスのあり方を示したり，その変更を求めたりするものではありません。

ただし，IFRSサステナビリティ開示基準の適用が自社のガバナンスの改善のきっかけとなることもあると考えられます。

解説

1　ガバナンスに関連する開示の目的

IFRSサステナビリティ開示基準では，ガバナンスに関連する開示の目的は「一般目的財務報告の利用者が，企業がサステナビリティ関連のリスクおよび機会をモニタリングし，管理するために用いるガバナンスのプロセス，統制および手続を理解できるようにすることにある」とされています（IFRS S1. 26）。これは，開示が求められる内容について示したものであり，企業のガバナンスのあり方について示したものではなく，またガバナンスに何らかの変更を加えることを企業に要求するものでもありません。

例えば，IFRSサステナビリティ開示基準においては，該当する場合には以下の事項についての開示が求められていますが，該当するものがない場合に企業に対して新たな制度や仕組みの導入，または，それらの変更を求めるものではありません。

- サステナビリティに関連するパフォーマンス指標が報酬に係る方針に含まれている場合には，どのように含まれているか（IFRS S1. 27(a)(v),

IFRS S2. 6(a)(v))

- サステナビリティ関連のリスクおよび機会の監視を支援する統制および手続を利用している場合には，その他の内部機能とどのように統合されているか(IFRS S1. 27(b)(ii), IFRS S2. 6(b)(ii))

2　ガバナンス改善のきっかけにも

近年，気候変動や人権問題等，サステナビリティ課題の重要度や緊急度の高まりと多様化に伴い，サステナビリティ経営の実現に向けた取組みを行う企業が増えてきています。この実現に際しては，経営者やそれを監督する機関の役割というガバナンスの側面が重要な要素の１つになりますが，IFRSサステナビリティ開示基準の適用により，自社のガバナンスの現状の洗い出しや他社との比較，利用者との対話などを通して，ガバナンス改善のきっかけとなることも考えられます。例えば，IFRSサステナビリティ開示基準の適用に伴い，以下のような事項について改善に向けた検討が行われる可能性があります。

(1)　役割と責任，レポートラインの見直し

例：これまで自社の判断基準に基づき，直面するサステナビリティ課題に対応するための委員会や部署などの組織を設置のうえ，それぞれの組織に役割と責任を付与してきた企業が，IFRSサステナビリティ開示基準の要求事項を踏まえて，サステナビリティ課題を再評価する。この結果，ガバナンス体制の見直しや各組織における役割と責任の再定義，それぞれの組織のレポートラインを見直す。

(2)　専門知識や経験を有する人材の確保と育成

例：サステナビリティ課題に対する専門性を有する人材の確保と育成に加え，サステナビリティ課題と企業経営全般に関連する課題の両方に精通し，両者を融合することができる人材の確保と育成が必要という認識が拡がる。この結果，必要となる専門知識や経験の程度を明確化し，外部からの人材確保や研修による育成などの諸施策を組み合わせることにより人材の充実を計画的に実行する。

3－3　戦　略

Q48 コア・コンテンツの「戦略」における開示項目

コア・コンテンツの「戦略」に関して，どのような開示が求められますか？

A. **コア・コンテンツの「戦略」に関して，サステナビリティ関連のリスクおよび機会を管理する企業の戦略についての情報の開示が求められます。**

解　説

コア・コンテンツの「戦略」に関する開示の目的は，サステナビリティ関連財務情報の利用者が，サステナビリティ関連のリスクおよび機会を管理する企業の戦略を理解できるようにすることです。この目的を達成するため，IFRS S1号では，以下の情報を開示することが求められています（IFRS S1. 28-29）。

- サステナビリティ関連のリスクおよび機会
- サステナビリティ関連のリスクおよび機会がビジネスモデルおよびバリューチェーンに与える影響
- サステナビリティ関連のリスクおよび機会が戦略および意思決定に与える影響
- サステナビリティ関連のリスクおよび機会が当期における企業の財政状態，財務業績およびキャッシュ・フローに与えた影響，およびそれが短期・中期・長期にわたる企業の財政状態，財務業績およびキャッシュ・フローに与えると予想される影響
- サステナビリティ関連のリスクおよび機会に対する戦略およびビジネスモデルのレジリエンス

IFRS S2号では，気候関連に特化して上記の事項を開示することが求められています。気候関連のリスクおよび機会が企業の戦略および意思決定に与える影響の開示において，「気候関連の移行計画」について開示が要求されているほか，レジリエンスの評価にあたって「シナリオ分析」の開示が要求されている点が特徴的です（IFRS S2. 8-9）。

図表48－1　「戦略」に関して開示すべき項目

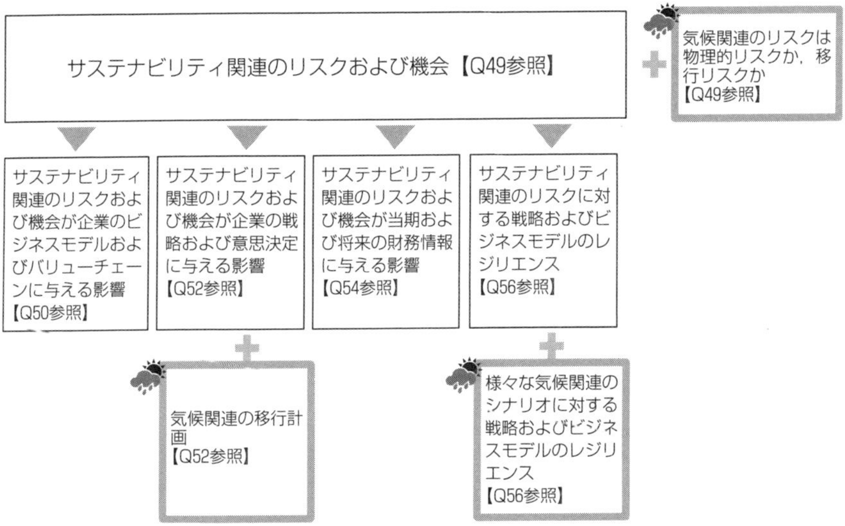

（出所：IFRS S1号およびS2号に基づきKPMG作成）

具体的な開示内容および関連する解説については，**Q49～Q58**をご参照ください。

3－4　サステナビリティ関連のリスクおよび機会／ビジネスモデルとバリューチェーン

Q49 「サステナビリティ関連のリスクおよび機会」に関する開示項目

コア・コンテンツの「戦略」の記載内容のうち「サステナビリティ関連のリスクおよび機会」について，どのような開示が求められますか？

A. 「サステナビリティ関連のリスクおよび機会」に関して，以下について開示することが要求されています。

- 開示対象とするサステナビリティ関連のリスクおよび機会についての説明（気候関連リスクの場合，当該リスクが物理的リスクと移行リスクのいずれに該当すると考えているかを含む）
- これらのリスクおよび機会が企業に影響を及ぼすことが合理的に予想される可能性がある時間軸（短期・中期・長期）
- それぞれの時間軸の定義，およびそれらが企業の戦略策定において計画を立案する際の時間軸とどのようにリンクしているかの説明

解　説

IFRS S1号では，企業は，「サステナビリティ関連のリスクおよび機会」に関して，利用者が，企業の見通しに影響を及ぼすと合理的に見込まれうるサステナビリティ関連のリスクおよび機会を理解できるような情報を開示することが求められます（IFRS S1. 30）。また，これに関して，以下の事項に係る開示が要求されています（IFRS S1. 30）。

- 開示対象とするサステナビリティ関連のリスクおよび機会についての説明
- これらのリスクおよび機会が企業に影響を及ぼすことが合理的に見込まれうる時間軸（短期・中期・長期）（Q51参照）

- それぞれの時間軸の定義，およびそれらが企業の戦略策定において計画を立案する際の時間軸とどのようにリンクしているかの説明

》》》

IFRS S2号では，開示対象とする気候関連のリスクおよび機会についての説明にあたって，それぞれが物理的リスクと移行リスクのいずれに該当すると考えているかについて説明することが要求されています（IFRS S2. 10(b)）。

《《《

開示が求められる事項は**図表49－1**のようにまとめられます。

図表49－1　「サステナビリティ関連のリスクおよび機会」に関して開示すべき項目

項　目	開　示　内　容
リスクおよび機会の識別	開示対象とするサステナビリティ関連のリスクおよび機会についての説明
時間軸	企業が短期・中期・長期をどの程度の期間と定義するのか，およびこれらが企業の戦略策定において計画を立案する際の時間軸とどのようにリンクしているかの説明
物理的リスクまたは移行リスク	気候変動による物理的リスクと低炭素経済への移行に伴う移行リスクの区別

（出所：IFRS S1号およびS2号に基づきKPMG作成）

なお，IFRS S1号およびS2号では，開示対象とするサステナビリティ関連のリスクおよび機会の識別にあたって，過度な負担とならないよう，「過大なコストや労力をかけずに，報告日時点において利用可能な合理的で裏付けのある情報」を利用することを要求しています。

Column ⑥　気候関連の物理的リスクまたは移行リスク

IFRS S2号では，気候関連のリスクについて，物理的リスクと移行リスクのいずれであるかについて開示することが求められます（IFRS S2. 10(b)）。

1．気候関連の物理的リスク

IFRS S2号において，気候関連の物理的リスクとは，「事象を契機とする気候変動（急性）および気候パターンの長期的な変化（慢性）に起因するリスク」と定義付けられています（IFRS S2. 付録A）。すなわち，気候関連の物理的リスクとは，気候変動に起因する災害や事象等が，直接的または間接的に，時に急激に，時に時間をかけて，企業の財務業績に影響を及ぼすリスクであると考えられます。急性リスクの具体例として，洪水や台風，その他異常気象等に起因するリスクが，慢性リスクの具体例として，平均気温の上昇やそれに伴う海面の上昇等，気候パターンの段階的な変化等の事象に起因するリスクが挙げられます。

このような物理的リスクは，企業の固定資産や棚卸資産に直接的な損害を与えるほか，洪水や海面の上昇等による生産拠点の浸水等の要因から企業活動自体に影響を与えるおそれがあります。さらに，サプライチェーンの分断や原材料，水等の入手可能性にも影響し，間接的にも企業の財務業績に影響を与えることが考えられます。

2．気候関連の移行リスク

気候関連の移行リスクとは，気候変動を緩和することを目的とした低炭素社会への移行に伴った政策，法規制，技術，市場の変化が，企業に様々な影響を与えるリスクのことをいいます。IFRS S2号においては，移行リスクを低炭素社会への移行に伴う努力から生じるリスクと定義しています（IFRS S2. 付録A）。

気候関連の移行リスクの例としては，以下のようなリスクが考えられます。

- 低炭素社会への移行にあたっての炭素税の導入，再生可能エネルギーや電気自動車に対する優遇措置などの法規制の変化により，税負担の増加，既存の生産設備の廃棄，事業ポートフォリオの見直しが発生するリスク
- 再生可能エネルギー，蓄電池，エネルギー効率の改善，炭素回収・

貯留等のテクノロジーの進歩等の低炭素社会への移行に備えたテクノロジーの急速な進歩に乗り遅れるリスク
- 低炭素社会への移行に伴い，特定の商品やサービスに対する需要が変動し，企業が損失を被るリスク

このような移行リスクに起因し，追加の税負担や事業ポートフォリオの見直し，新技術導入，需要変動への対応等が必要となる可能性があり，また，低炭素社会への移行に適応できなかった場合には，顧客や社会からの評価の低下につながるおそれもあると考えられます。

3．気候関連の機会

気候変動については，それが世界的に喫緊の課題であるとの認識から，気候変動に関連するリスクに注目が集まることが多いと考えられます。一方で，気候変動の「緩和」や気候変動への「適応」により，資源の効率的利用やコスト削減，低炭素排出エネルギー源の採用，新たな製品やサービスの開発等を通じて，ビジネス上の機会が生み出されることも考えられます。

気候関連の機会は，IFRS S2号において「企業にとって気候変動から生じる潜在的なプラスの影響」と定義されており，気候変動を緩和し，適応しようとする努力は，企業にとって気候関連の機会を生み出す可能性があると説明されています（IFRS S2. 付録A）。

図表49－2　企業を取り巻くリスクおよび機会の例（気候関連）

物理的リスクの例

気候変動に起因する災害や事象等に起因するリスク
- 急性リスク
  洪水，台風等の異常気象による物理的損害
- 慢性リスク
  平均気温の上昇に伴う海面の上昇による海岸付近の工場の水没

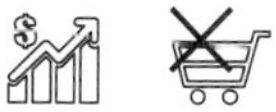

移行リスクの例

低炭素経済への移行に伴い生じるリスク
- 法規制
  炭素税の導入やGHG排出量規制
- 技術
  脱炭素に向けた新技術導入の遅れ
- 市場の変化
  製造過程または消費時のGHG排出量が少ない製品やサービスへの消費者の嗜好の変化等

機会の例

気候変動が企業に及ぼすポジティブな影響
- 脱炭素に関連した新製品やサービスの開発
- エネルギーの効率化
- 新規市場の開拓

　⋮ など

（出所：KPMGサステナブルバリューサービス・ジャパン『TCFD開示の実務ガイドブック』（中央経済社，2022年）のほか，最新動向を踏まえてKPMG作成）

Q50 「ビジネスモデルおよびバリューチェーンに与える影響」の開示

コア・コンテンツの「戦略」においては，サステナビリティ関連のリスクおよび機会が「ビジネスモデルおよびバリューチェーン」に及ぼす影響について開示することが求められています。具体的に，どのような開示が求められますか？

A. 「ビジネスモデルおよびバリューチェーン」に関して，以下について開示することが要求されています。

- サステナビリティ関連のリスクおよび機会が企業のビジネスモデルとバリューチェーンに及ぼす現在の影響，および今後予想される影響
- 企業のビジネスモデルおよびバリューチェーンのどこにサステナビリティ関連のリスクおよび機会が集中しているか

解説

IFRS S1号では，「ビジネスモデルおよびバリューチェーン」に関して，以下について開示することが要求されています（IFRS S1. 32）。

- サステナビリティ関連のリスクおよび機会が企業のビジネスモデルとバリューチェーンに及ぼす現在の影響，および今後予想される影響
- 企業のビジネスモデルおよびバリューチェーンのどこにサステナビリティ関連のリスクおよび機会が集中しているか

これは，サステナビリティ関連のリスクおよび機会は企業を取り巻くバリューチェーン全般にわたって生じるものであるためです（IFRS S1. BC52，**Q24**参照）。例えば，製品の製造に不可欠な特定の資源の供給先が特定の事業拠点に集中しており，当該事業拠点に物理的リスクが集中しているような場合，当該物理的リスクについて開示することが考えられます（IFRS S2. BC42）。

なお，IFRS S1号では，開示対象とするバリューチェーンの範囲の決定にあたって，過度な負担とならないよう，「過大なコストや労力をかけずに，報告日時点において利用可能な合理的で裏付けのある情報」を利用することを要求

しています。

また，開示にあたって考慮すべきバリューチェーンの範囲は，重大な事象が生じた場合，または，状況に重大な変化が生じた場合に限って再評価を実施することが要求されています（IFRS S1. B11-12）。

Q51 「短期・中期・長期」の目安

サステナビリティ関連のリスクおよび機会から予想される影響の開示における「短期・中期・長期」について，目安となる年数はありますか？

A. **いいえ。サステナビリティ関連のリスクおよび機会から予想される影響の開示において用いる時間軸の「短期・中期・長期」について具体的な定義や目安となる年数についての定めはありません。**

IFRSサステナビリティ開示基準においては，「短期・中期・長期」の定義は企業が定めることとされており，利用者がその内容を理解できるような開示を行うことが求められています。

解説

IFRSサステナビリティ開示基準においては，サステナビリティ関連のリスクおよび機会から予想される影響を開示する際に用いる「短期・中期・長期」について具体的な定義や目安に関する定めはありません。

時間軸は，例えば，以下のように様々な要因に依存するため，企業によって異なることが想定されます（IFRS S1. 31）。

- キャッシュ・フロー，投資およびビジネスサイクルなどの産業に固有の特性
- 企業が属する産業において戦略的意思決定および資本配分計画にあたって通常用いられる計画期間
- 一般目的財務報告の利用者が，企業と同じ産業に属する企業に関する評価を行う時間軸

このように，企業が短期・中期・長期の期間をどのように考えるかは，企業が事業活動を行っている産業，関連する事業や投資のサイクルを含む多くの要因を踏まえたものであると考えられたため，IFRSサステナビリティ開示基準では，具体的な時間軸を定めることはせず，企業自身が時間軸を定義付けることとされています（IFRS S1. BC102, IFRS S2. BC41）。

ただし，企業が「短期・中期・長期」をどのように定義したか，また，時間

軸の定義が，企業の戦略策定において計画を立案する際の時間軸とどのようにリンクしているかについて開示することが求められています（IFRS S1. 30(c), IFRS S2. 10(d)）。

3－5　戦略および意思決定

Q52 「戦略および意思決定」に関する開示項目

コア・コンテンツの「戦略」においては，サステナビリティ関連のリスクおよび機会が企業の「戦略および意思決定」に及ぼす影響についての開示が求められます。具体的には，どのような開示が求められますか？

A. IFRS S1号において，サステナビリティ関連のリスクおよび機会について戦略および意思決定においてどのように対応するか，過年度に開示した計画からの進捗状況，および意思決定にあたって考慮したトレードオフについて開示することが求められています。

また，IFRS S2号において，気候関連リスクに固有な開示として，ビジネスモデルの変更，緩和および適応の取組み，移行計画およびそれぞれの活動のための資金調達の方針および計画に関する開示が追加的に求められています。

解説

1　IFRS S1号における開示要求

IFRS S1号においては，サステナビリティ関連のリスクおよび機会が企業の戦略および意思決定に与える影響について一般目的財務報告の利用者が理解できるようにするため，以下の事項について開示することが求められています（IFRS S1. 33）。

- 戦略および意思決定における対応：

  企業が，戦略および意思決定において，これまでサステナビリティ関連のリスクおよび機会にどのように対応してきたか，また，今後どのように対応する予定か

- 過年度に開示した計画からの進捗状況：
  過年度に開示した計画の進捗状況について，定量的・定性的な情報
- 意思決定において考慮したトレードオフ：
  サステナビリティ関連のリスクおよび機会に関して，経営者が考慮したトレードオフ（例えば，新規事業の立地を決定する場合，環境に悪影響を及ぼすリスクとともに，近隣地域で雇用が創出される機会について考慮することがある）

2　IFRS S2号における追加的な開示要求

IFRS S2号では，気候関連のリスクおよび機会を踏まえた戦略および意思決定における対応について，追加で以下の事項について開示が要求されています（IFRS S2. 14）。

- 現在および今後予定しているビジネスモデルの変更（例：脱炭素に向けたビジネスモデルの変更）
- 緩和および適応に関する直接的な取組み（例：製造施設の変更）
- 緩和および適応に関する間接的な取組み（例：顧客やサプライチェーンとの協働）
- 気候関連の移行計画（例：移行計画の策定にあたって利用された主要な仮定，移行計画が前提としている事項）
- 気候関連の目標（例：GHG排出量の削減目標）をどのように達成しようとしているか

なお，「移行計画」とは，「温室効果ガス排出の削減などの活動を含む，低炭素経済への移行のための企業の目標および活動を示した企業の全体的な戦略の一側面」のことをいいます（IFRS S2. 付録A）。移行計画は，低炭素経済に向けての企業の事業戦略の一部を構成することから，利用者が気候関連のリスクおよび機会についての企業の対応を評価するための重要な情報になると考えられます。

図表52－1は，「戦略および意思決定」に及ぼす影響に関して，IFRS S1号およびS2号を踏まえて企業が開示すべき事項についてまとめたものです。

図表52－1　「戦略および意思決定」に及ぼす影響に関して開示すべき項目

情　報	開　示　内　容
戦略的な対応	サステナビリティ関連のリスクおよび機会にどのように対応してきたか，また，どのように対応する予定か
気候に固有の戦略的な対応	
ビジネスモデルの変更 (IFRS S2.14(a)(i))	気候関連のリスクと機会に対処するための現在および将来におけるビジネスモデルの変更 ビジネスモデルの変更のために必要となる資源配分の見直し (例) ・炭素，エネルギーあるいは水を大量に消費する操業の管理または廃止計画 ・需要またはサプライチェーンの変更に起因する資源配分 ・設備投資や研究開発のための支出を通じた事業開発に起因する資源配分 ・買収や投資の撤退
緩和および適応の取組み (IFRS S2.14(a)(ii)(iii))	識別された気候関連リスクを緩和し，またそのようなリスクに適応するための取組み（直接的なものと間接的なものに区別） (直接の取組みの例) ・生産工程や設備の変更 ・設備の移転 ・労働力の調整 ・製品仕様の変更 (間接的な取組みの例) ・顧客およびサプライチェーンとの協働
移行計画 (IFRS S2.14(a)(iv)(v))	・主要な仮定と依存関係 ・GHG排出目標を含む気候関連目標の達成計画
上記の活動のための資源調達の方針および計画 (IFRS S2.14(b))	企業が気候関連の戦略的対応に関してどのように資源を調達し，また資源を調達することを計画しているかについての情報
過去の期間からの進捗状況	過去の期間に開示した計画の進捗状況（定量的および定性的な情報を含む）
トレードオフ	サステナビリティ関連のリスクおよび機会に関して企業が考慮したトレードオフ

(出所：IFRS S1号およびS2号に基づきKPMG作成)

Q53 企業の戦略とパリ協定の整合性

IFRSサステナビリティ開示基準の適用により，企業の戦略をパリ協定と整合したものとなるように見直す必要がありますか？

A. **いいえ。IFRS S2号では，企業が気候変動に関する最新の国際協定（すなわち，パリ協定）との整合性について考慮しているかどうかに関する開示が求められています。しかし，IFRS S2号によって，企業の戦略をパリ協定やNDCと整合したものとなるよう見直すことが要求されているわけではありません。**

解説

IFRS S2号では，以下のように，「気候変動に関する最新の国際協定」に関する言及があります。

- 気候関連のシナリオ分析の実施にあたって，気候変動に関する最新の国際協定と整合するシナリオが利用されたか（IFRS S2. 22(b)(i)(4)）
- 気候関連の目標の設定において，気候変動に関する最新の国際協定（国際協定を踏まえた国としてのコミットメントを含む）がどのように考慮されたか（IFRS S2. 33(h)）

「気候変動に関する最新の国際協定」とは，「気候変動に対処するための国連気候変動枠組条約（UNFCCC）の加盟国としての，国家間の協定であ」り，「温室効果ガス削減の規範および目標が設定されている」（IFRS S2 付録A）と定義されており，本書の執筆時点（2023年12月現在）では，2015年に締結された「パリ協定」が該当します（IFRS S2. BC148）。このようにIFRS S2号では，パリ協定やそれを踏まえて国が決定する貢献（Nationally Determined Contributions, NDC）との整合性に着目した開示要求があります。この開示によって，一般目的の財務報告の利用者は，企業が設定しているGHG排出量の削減目標の対象範囲，目標時期等についてより具体的に理解することができると考えられます（IFRS S2. BC142）。

しかし，IFRS S2号によって，企業の戦略をパリ協定と整合したものとなるよう見直すことが要求されているわけではありません。

3－6　財政状態，財務業績およびキャッシュ・フロー

Q54 「財政状態，財務業績およびキャッシュ・フロー」に及ぼす影響の開示

コア・コンテンツの「戦略」において，サステナビリティ関連のリスクおよび機会が「財政状態，財務業績およびキャッシュ・フロー」に及ぼす影響について開示することが要求されています。具体的に，どのような開示が求められますか？　定量的情報の開示も求められるのでしょうか？

A. 「財政状態，財務業績およびキャッシュ・フロー」に及ぼす影響の開示においては，報告期間の財務諸表にどのような影響を及ぼしたか，および今後どのような影響が生じると予想されるかについての開示が求められています。この開示にあたっては，原則として，定量的情報と定性的情報の両方の開示が求められます。ただし，一定の要件に該当する場合には，所定の事項を開示することを条件として，定量的情報の開示を省略することが可能とされています。

解 説

1 「財政状態，財務業績およびキャッシュ・フロー」に及ぼす影響の開示

IFRS S1号では，コア・コンテンツの「戦略」において，サステナビリティ関連のリスクおよび機会が当期における企業の財政状態，財務業績およびキャッシュ・フローに及ぼした影響について開示することが要求されています。また，これらのリスクおよび機会が，今後，短期・中期・長期において企業の財政状態，財務業績およびキャッシュ・フローにどのような影響を及ぼすと予想されるかについて開示することが要求されています。

IFRS S1号では，これらについて定量的情報と定性的情報の双方を開示する

とされており，以下の事項について開示することが要求されています。

(1) 直近の財務諸表への影響

IFRS S1号では，サステナビリティ関連のリスクおよび機会が，当期の財務業績，財政状態およびキャッシュ・フローに及ぼした影響について開示することが求められます（IFRS S1. 35(a)）。また，経営者が，翌事業年度において財務諸表上の資産および負債の帳簿価額に重要性のある修正が生じるサステナビリティ関連のリスクおよび機会を識別している場合，当該情報についての開示も求められています（IFRS S1. 35(b)）。

なお，これらの開示は，気候関連のリスクおよび機会を対象とした場合も同様です（IFRS S2. 16(a)，(b)）。

(2) 財政状態の変化

IFRS S1号では，サステナビリティ関連のリスクおよび機会を管理するための戦略を踏まえ，財政状態が短期・中期・長期にわたってどのように変化すると予想しているかについて開示することが要求されています。この開示においては，企業の投資・処分計画や，戦略を実施するための資金調達計画を考慮することが要求されています（IFRS S1. 35(c)）。

なお，これらの開示は，気候関連のリスクおよび機会を対象とした場合も同様です（IFRS S2. 16(c)）。

(3) 財務業績およびキャッシュ・フローの変化

IFRS S1号では，サステナビリティ関連のリスクおよび機会を管理するための企業の戦略に照らして，企業が短期・中期・長期にわたって財務業績とキャッシュ・フローがどのように変化すると予想しているかについて開示することが求められています（IFRS S1. 35(d)）。

≫≫≫

これらの開示は，気候関連のリスクおよび機会を対象とした場合も同様ですが，IFRS S2では以下の例示が挙げられています（IFRS S2. 16(d)）。

- 低炭素経済に対応した製品やサービスからの収益の増加
- 気候変動に起因する資産の物理的損傷から生じるコスト
- 気候変動への適応または緩和に関連するコスト

≪≪≪

これらの開示要求は，**図表54－1**のように整理されます。

図表54－1　**サステナビリティ関連のリスクおよび機会が財政状態，財務業績およびキャッシュ・フローに与える影響に関して開示すべき事項**

開示項目	開　示　内　容
直近の財務諸表への影響	サステナビリティ関連のリスクおよび機会が，報告期間の財政状態，財務業績，キャッシュ・フローにどのような影響を与えたか 上記で特定されたサステナビリティ関連のリスクおよび機会のうち，関連する財務諸表における資産および負債の帳簿価額に対して翌事業年度において重要な修正が行われる重大なリスクがあるもの
財政状態の変化	サステナビリティ関連のリスクおよび機会に対処するための戦略を踏まえ，財政状態が短期・中期・長期にわたってどのように変化すると予想しているか
財務業績およびキャッシュ・フローの変化	サステナビリティ関連のリスクおよび機会に対処するための戦略を踏まえ，財務業績およびキャッシュ・フローが短期・中期・長期にわたってどのように変化すると予想しているか

（出所：IFRS S1号およびS2号に基づきKPMG作成）

2　定量的な情報の開示における考慮事項

IFRS S1号では，定量的な情報の開示にあたって，単一の数値のほか，一定の幅を示すことができるとされています（IFRS S1. 36）。また，サステナビリティ関連のリスクまたは機会を踏まえて，今後予想される企業の財政状態，財務業績およびキャッシュ・フローへの影響の開示にあたって，企業は，過大なコストまたは労力をかけることなく報告日において入手可能なすべての合理的かつ裏付け可能な情報を使用するとともに，それらの開示準備のために企業が利用可能なスキル，能力および資源に見合ったアプローチを採用することが求められています（IFRS S1. 37）。

さらに，**図表54－2**に該当する場合，定量的情報を提供する必要はないとされています（IFRS S1. 38, 39）。

図表54－2　定量的情報の提供が免除される場合

定量的情報の提供が免除される場合	免除される定量的情報
・影響を個別に分離して識別できない場合 ・見積りにあたって測定の不確実性のレベルが非常に高いため，結果として得られる定量的情報が有用でないと考えられる場合	現在の財務的影響 予想される財務的影響
・定量的情報を提供するために必要なスキル，能力または資源を企業が有していない場合	予想される財務的影響

仮に上記のいずれかに該当するため定量的情報を提供する必要がないと判断する場合，以下の開示が必要となります（IFRS S1. 40）。

- 定量的情報を開示しなかった理由
- 当該サステナビリティ関連のリスクまたは機会によって影響を受ける可能性がある，または影響を受けた可能性がある財務的影響に関する定性的情報（財務諸表上の科目，合計および小計を含む）
- 当該サステナビリティ関連のリスクまたは機会と他のサステナビリティ関連のリスクまたは機会，あるいは他の要素とを組み合わせたうえでの，財務上の影響に関する定量的情報（ただし，企業が当該情報が有用でないと判断する場合を除く）

なお，これらの定めは，気候関連のリスクおよび機会を対象とした場合も同様です（IFRS S2. 17-21）。

３－７　レジリエンス

Q55 「レジリエンス」とは

コア・コンテンツの「戦略」の記載内容に含まれる「レジリエンス」とは何ですか？

A. レジリエンス（強靭性）とは，サステナビリティ関連のリスクから生じる不確実性に適応するための企業の能力のことをいいます。

IFRSサステナビリティ開示基準のIFRS S1号は，すべてのサステナビリティ関連項目について，一般目的財務報告の利用者がレジリエンスの理解に必要となる情報の開示を企業に求めています。また，IFRS S2号では，気候関連のレジリエンスについて，より具体的な規定を定めています。

解説

1　レジリエンスとは

IFRS S1号では，レジリエンス（強靭性）をサステナビリティ関連のリスクから生じる不確実性に適応するための企業の能力と説明しています。そのうえで，サステナビリティ関連リスクが企業のビジネスモデルおよび戦略のレジリエンスに与える影響について，一般目的財務報告の利用者の理解に必要な情報の開示を企業に求めています（IFRS S1. 41）。

ここで「リスクから生じる不確実性」とは，リスクの発生可能性，規模および時期があらかじめ決まっていない不確実性を伴うものであることを意味します。「レジリエンス」とは，これらが顕在化することによる事業環境の変化やそれに伴うビジネスモデルへの影響に対して企業が適応する能力のことをいいます。

2　気候変動におけるレジリエンス（気候レジリエンス）とは

気候関連の開示に関する個別基準であるIFRS S2号では，IFRS S1号のレジリエンスの規定を気候変動に当てはめて定めています。具体的には，気候レジリエンスを「気候関連の変動，進展，および不確実性に対し適応するための企業の能力」としたうえで，「戦略のレジリエンスと事業のレジリエンス」の両方を含むものと定義しています。そのうえで，利用者による気候レジリエンスの理解に必要な情報の開示を企業に求めています（IFRS S2. 22, 付録A）。

IFRS S2号の付録Aによれば，気候レジリエンスには，以下の能力が含まれ，企業は，情報の利用者がこれらについて理解できるような開示を行うことが求められます。

- 気候関連のリスクに対応および適応し，管理する能力
- 気候関連の機会を管理する能力

ここで「気候関連のリスク」とは，気候変動が企業に与える潜在的にネガティブな影響をいい，物理的リスクと移行リスクの２つがあります（Q49参照）。また，「気候関連の機会」とは，気候変動が企業に与えるポジティブな可能性をいいます（Q49参照）。

3　気候変動におけるレジリエンスに関する具体例

気候変動におけるレジリエンスに関する具体例について，気温上昇のケースで考えてみます。

(1)　気候関連のリスクに対応および適応し，管理する能力

①　物理的リスクへの対応

気温上昇によって，特定の農産物の生産可能地域が大きく縮小することが分析の結果見込まれるとします。その場合，その農産物を原材料として製品を製造している食品企業にとって，世界的な気温上昇により原材料の入手可能性に問題が生じたり調達コストが増加したりするリスクが高まると考えられます。

食品企業では，このリスクに対して，将来的にも生産可能な地域からの調達割合を増加させる，または気温上昇にも対応できる新たな原材料の品種開発を

実施する等の対応により，原材料が入手できなくなるリスクを防ぐとともに，調達コストの上昇リスクを抑制または相殺することが考えられます。このような取組みが，気候変動におけるレジリエンスに関する取組みの一例となります。

②　移行リスクへの対応

世界的な気温上昇によって，GHGの排出規制が今後強化されることが見込まれるとします。その場合，海運企業は現在保有している船舶について，GHGの排出規制に対応するため，エンジンの交換またはエンジンの交換が難しい場合には新しい船舶の建造といった対応を求められることにより，運用コストが増加したり新たな資金調達の必要性が生じたりするリスクが伴うと考えられます。

このリスクに対応するため，海運企業は，保有船舶の修繕または交換については，その実施時期を今後のGHGの排出規制の導入時期と整合させるように既存の計画を修正することが考えられます。また，新しい船舶の建造については，効果的な資金調達を行うために，シンジケートローンの組成や社債発行等の資金調達計画を検討することなどが考えられます。このような取組みが，気候変動におけるレジリエンスに関する取組みの一例となります。

(2)　気候関連の機会を管理する能力

気温上昇による環境・生態系の変化によって，従来は熱帯地域で流行している病気，感染症が，温帯地域においても広範囲で発生することが見込まれるとします。この場合，例えば熱帯地域で事業を営む製薬企業においては，すでに開発・製造している熱帯地域での疾病に対応している製品がより広範囲で販売できる機会を得られる可能性があると考えられます。

この機会に対応するため，製薬企業では，将来的な増産に備えて既存の設備増強または製造拠点の新設の検討を開始するほか，気温上昇により今後熱帯地域での疾病について罹患リスクが高まる地域に適合する製品の開発・臨床試験を早期から進めるといった取組みを実施することが考えられます。このような取組みが，気候変動におけるレジリエンスに関する取組みの一例となります。

Q56 「レジリエンス」に関する開示項目

コア・コンテンツの「戦略」の記載内容のうち,「レジリエンス」に関して,どのような開示が求められますか?

A. 企業はレジリエンスについて,その分析の実施方法および結果を,分析に用いた時間軸を含めて開示することが求められます。

また,気候レジリエンスについて,レジリエンスの評価に用いたシナリオ分析に関する情報と,シナリオ分析に基づくレジリエンスの評価結果について,開示することが求められます。

解説

1　IFRS S1号での開示要求事項

IFRS S1号は,一般目的財務報告の利用者が企業のレジリエンスを理解するための情報として,サステナビリティ関連のリスクに関連する戦略およびビジネスモデルのレジリエンスの定性的分析および該当する場合には定量的分析について,分析の実施方法と結果を,分析に用いた時間軸を含めて開示することを求めています(IFRS S1. 41)。

ただし,レジリエンスに関して具体的にどのような情報の開示を求めるか,およびレジリエンスの評価にあたってシナリオ分析の実施を求めるかについては,各サステナビリティ課題を扱う個別基準(例:気候関連であればIFRS S2号)において定めるとしており,IFRS S1号には具体的な定めはありません(IFRS S1. 42)。

2　IFRS S2号での開示要求事項

IFRS S2号では,IFRS S1号の定めを踏まえ,気候関連のリスクおよび機会ならびに関連する不確実性を考慮したうえで,これに対応する戦略およびキャッシュ・フローのレジリエンスについて,利用者が理解できるような情報を開示することを求めています(IFRS S2. 22)。

IFRS S2号は，気候レジリエンスについて，シナリオ分析を実施して評価することを求めており，開示すべき事項もこれに沿う形で定めています（シナリオ分析についてはQ57を参照）。

具体的には，気候関連の様々なリスクおよび仮定から生じる影響を分析する「シナリオ分析」に関する情報と，シナリオ分析の結果を踏まえて，企業の戦略に対する影響および対応力を理解する「レジリエンスの評価」に関する情報を開示することを求めています。

(1)　シナリオ分析（IFRS S2. 22(b)）

気候レジリエンスの分析に用いたシナリオ分析の実施時期および方法に関し，IFRS S2号は以下の情報を開示することを求めています。

- 分析に用いたインプット
- 分析に用いた主な仮定
- 分析の実施時期

(2)　レジリエンスの評価（IFRS S2. 22(a)）

報告日における気候レジリエンスの評価に関し，IFRS S2号はシナリオ分析の結果を踏まえ，以下の情報を開示することを求めています。

- 戦略・ビジネスモデルに対する影響の評価，および対応策
- 気候レジリエンスの評価において考慮した重要な不確実性を伴う領域
- 短期・中期・長期にわたり，気候変動に対応して戦略およびビジネスモデルを修正・適応させていく能力

上記(1)および(2)に挙げた項目ごとの開示内容の詳細は，**図表56－1**のとおりです。

図表56－1 気候レジリエンスに関する開示

情　報	開 示 内 容
シナリオ分析（いつ，どのように分析を実施したか）	
分析に用いたインプット	・選択したシナリオ （出典および比較したシナリオに関する情報を含む）
	・シナリオが，物理的リスク，移行リスクのいずれの分析に関連するか
	・気候変動に関する直近の国際協定で採用されているシナリオが含まれているか （例：パリ協定で採用されているシナリオ）
	・シナリオの選択理由
	・分析に用いた時間軸
	・分析に用いたスコーピング（例：拠点単位，ビジネスユニット単位）
分析に用いた主な仮定	・事業を営む地域における気候関連の規制動向
	・マクロ経済のトレンド
	・国ないし地域における変動要因（例：地域固有の気候，地政学リスク等）
	・エネルギー利用，エネルギーミックス
	・技術革新
分析の実施時期	・分析を実施した報告期間
レジリエンスの評価（シナリオ分析の結果および洞察に関する説明）	
戦略・ビジネスモデルへの影響と対応策	・戦略およびビジネスモデルに対する影響（気候関連移行シナリオにおいて識別された影響に対する対応策を含む）
不確実性を伴う領域	・経営者による評価において考慮された，重要な不確実性を伴う領域
気候変動への適応能力	・短期・中期・長期にわたり，企業が気候変動に対応して戦略およびビジネスモデルを修正・適応していく能力に関する説明 （具体的には，以下を含む） ・シナリオ分析の結果識別した影響に対応するための財務資源の利用可能性・柔軟性 ・現有資産の再配置，再利用，更新または廃棄の可能性 ・気候変動の緩和，適応または気候レジリエンスの機会に対する現在および計画されている投資への影響

（出所：IFRS S2号に基づきKPMG作成）

なお，開示が要求されているこれらの情報に加えて，投資家の理解に資する情報として，シナリオを選択する際の決定プロセスや，選択したシナリオに関する詳細な情報（外部機関によるシナリオの場合，当該情報への参照）等，気候レジリエンスの評価に関する追加的な情報を，必要に応じて提供することが考えられます。

Q57 「シナリオ分析」とは

シナリオ分析について教えてください。

A. シナリオ分析とは，不確実な条件下において，将来事象の結果の潜在的な範囲を識別および評価する手法のことをいいます。

シナリオ分析を実施することにより，企業は，リスクが高い事象が将来顕在化した際の，企業の経営戦略等に及ぼす影響を把握することができます。

IFRS S2号では，企業が気候レジリエンスを評価する際，シナリオ分析の実施が求められています。

解説

1　シナリオ分析とは

シナリオ分析とは，不確実な条件下において，将来事業の結果の潜在的な範囲を識別および評価する手法のことをいい，企業が戦略的意思決定やリスク評価を実施する際に用いられる評価アプローチの１つです。

2　シナリオ分析の効果

企業は，事業に重要な影響を及ぼす可能性のあるリスクの高い事象について，その事象が顕在化すると仮定されたシナリオを用いてシナリオ分析を実施することにより，当該リスクの高い事象が将来顕在化した際の，企業の経営戦略，ビジネスモデルおよび財務計画等に及ぼす影響を把握することができます。把握した影響を踏まえて，企業の現在の経営戦略，ビジネスモデルおよび財務計画のうち，不確実性の高い事象に対応できていない点を特定し見直すことで，よりレジリエンスの高い経営戦略，ビジネスモデルおよび財務計画等の策定が可能となると考えられます。

シナリオ分析を実施する際には，単一のシナリオではなく，想定される様々な将来を念頭に複数のシナリオに基づいた分析を実施することが有用です。これは，複数のシナリオ分析を行うことにより，自社を取り巻く環境が当初想定していたシナリオから，他のシナリオに遷移した際の影響を把握することが可能となり，自社の経営戦略，ビジネスモデルおよび財務計画を環境変化に対して柔軟に対応させることが可能になると考えられるためです。

3　IFRS S2号におけるシナリオ分析の採用

IFRS S2号は，企業に対して，気候レジリエンスの評価にあたり，気候関連のシナリオ分析を実施することを求めており（Q56参照），シナリオ分析の実務が必ずしも企業に浸透していない状況を勘案し，シナリオ分析の実施にあたっての考慮事項を示しています。

具体的には，企業が気候関連のシナリオ分析を実施するにあたり，以下の2つの側面からシナリオ分析実施時点における状況を評価し，シナリオ分析の実施水準を検討することを求めています（IFRS S2. B2-B3）。

- 気候関連のリスクと機会に対する企業のエクスポージャー
- シナリオ分析の実施に利用できる企業のスキル，能力およびリソース

また，詳細なシナリオ分析の実施体制が整っていない場合には，定性的なシナリオ分析から実施することも考えられるとしています。そのうえで，シナリオ分析の実務が企業への定着に従って，シナリオ分析の実施水準を定性的なものから定量的なものに，段階的に水準を上げていくことが考えられるとしています（IFRS S2. B16-B17）。

ISSBは今後，企業によるシナリオ分析の実施を支援する目的で，シナリオ分析に用いる気候関連シナリオの選択に関する教育文書を提供することを予定しています（Q82参照）。

4　IFRS S2号におけるシナリオ分析の実施頻度

IFRS S2号は，企業に対して報告日時点における気候レジリエンスの開示を求めていますが，これは，毎年シナリオ分析を実施することを意味するものではありません。IFRS S2号は少なくとも戦略の策定サイクル（3年～5年といった複数にわたるケースも含む）に沿ったシナリオ分析の実施を求めており，毎年実施していない場合には，過年度の実施した分析結果に関する開示を引き継ぐこ

とも認めています（IFRS S2. B8）。

ただし，開示を引き継ぐ場合でも，前回の報告日時点から企業のビジネスモデルや戦略について気候に関する不確実性の影響が及ぶ領域がある場合，当期の報告日時点において関連する記載について，内容を更新する必要があります（IFRS S2. B8）。

Q58 どのような気候関連シナリオを用いるべきか

IFRS S2号は，気候レジリエンスの評価に際して特定の気候関連シナリオを用いることを指定または推奨していますか？

A. IFRS S2号は，気候レジリエンスの評価に際して特定の気候関連シナリオを指定または推奨していません。

企業は，シナリオ分析の実施にあたって，直面している気候関連リスクおよび機会と，利用可能な能力およびリソースを考慮したうえで，一般目的財務報告の利用者に適切な情報を提供することのできる気候関連シナリオを選択することが求められています。

解説

1 特定のシナリオの指定または推奨

IFRS S2号は，気候レジリエンスの評価にあたって実施するシナリオ分析について，特定の気候関連シナリオを用いることを指定または推奨していません(IFRS S2. 22)。

これは，気候関連のリスクによる影響が，企業の事業領域や事業環境によってそれぞれ異なることが考慮されたためです。企業が気候レジリエンスを評価する際に，基準上で特定のシナリオを指定または推奨してしまうと，その特定のシナリオの前提が企業の事業領域や事業環境と整合的でない場合，指定されたシナリオに基づく企業のレジリエンス評価が適切に実施されない可能性があり，結果として開示される情報の有用性が担保されないリスクがあるためです。

2 シナリオ選択時における企業の考慮事項

IFRS S2号は企業に対し，シナリオ分析の実施にあたって，シナリオ分析に用いるインプットの選択において，報告日において過大なコストまたは労力なしに入手可能な，シナリオ，変数，およびその他の情報を含む，すべての合理的かつ裏付け可能な情報を考慮することを求めています（IFRS S2. B11)。

また，シナリオ分析に用いる気候関連シナリオの選択においては，そのシナリオを用いた分析結果により，一般目的財務報告の利用者が，企業が識別した気候関連リスクおよび機会に対する，企業の戦略およびビジネスモデルのレジリエンスを理解できるか，という点の考慮を企業に求めています。そのうえで，選択するシナリオについては，公的機関から公表されている利用可能な気候関連シナリオから選択することが考えられるとしています（IFRS S2. B12-B13）。

なお，IFRS S2号は，企業のシナリオの選択にあたって，最新の気候変動に関する国際協定等で採用されているシナリオとの整合性は求めていません。これは，主に選択時点では最新のシナリオであってもすぐに陳腐化し，結果として，企業の直面している気候関連リスクおよび機会等を適切に反映しない可能性があることを踏まえたものです（IFRS S2. BC67）。

3－8　リスク管理

Q59 「リスク管理」に関する開示項目

「リスク管理」に関して，どのような開示が求められますか？

A. 企業は，リスク管理に関して，サステナビリティ関連のリスクおよび機会を識別・評価・優先順位付け・モニタリングするプロセスに関する開示が求められます。

解説

リスク管理に関する開示の目的は，利用者が企業のサステナビリティ関連のリスクおよび機会を識別，評価，優先順位付けおよびモニタリングするプロセスを，理解，評価できるようにすることにあります。また，サステナビリティ関連のリスクが，他の管理すべきリスクと統合的に管理されているかを利用者が理解できるようにすることも併せて目的とされています（IFRS S1. 43）。

企業は，環境や社会に関する様々なリスクおよび機会に直面しています。企業がこれらのリスクおよび機会を適切に把握しているか，また適切に評価し管理しているかは，企業価値および企業の持続可能な発展に大きく影響します。このため，リスク管理に関する情報は，IFRSサステナビリティ開示基準の想定利用者である投資家等にとって，財務情報を補完する重要な情報となります。

IFRS S1号において，リスク管理に関して具体的な開示が求められる項目は，**図表59－1**に記載したとおりです。

»»»

なお，IFRS S2号において要求されているリスク管理に関する開示項目は，その対象が気候関連についてのリスク管理である点を除き，IFRS S1号と大きな相違はありません。

«««

図表59－1　「リスク管理」に関する開示項目

区分	開示内容
リスク管理に関するプロセス・方針	企業が，リスク管理目的でサステナビリティ関連のリスクを識別，評価，優先順位付けおよびモニタリングするためのプロセス・方針
	・企業がリスク評価プロセスで使用したインプット・パラメータ（例：データソース，プロセスが対象としているオペレーションの範囲に関する情報）
	・企業がサステナビリティ関連のリスクを識別するために，シナリオ分析を利用しているか，およびどのように利用しているか。
	・企業が，識別したサステナビリティ関連のリスクの影響の性質，発生可能性，および影響の大きさをどのように評価しているか（例：定性的要因または定量的閾値およびその他の規準を考慮しているか）。
	・企業が他の種類のリスクと比べてサステナビリティ関連のリスクを優先しているか，およびどのように優先しているか。
	・企業がサステナビリティ関連のリスクをどのようにモニタリングするのか。
	・前年度から，プロセスを変更しているか，およびどのように変更しているか。
機会の評価プロセス	企業が，サステナビリティ関連の機会を識別，評価，優先順位付けおよびモニタリングを行うためのプロセス ※気候関連については，機会を識別するために，シナリオ分析を使用しているか，およびどのように使用しているかを含む。

（出所：IFRS S1号およびS2号に基づきKPMG作成）

Q60 開示事項とリスク管理体制の関係性

IFRSサステナビリティ開示基準を適用することにより，自社のリスク管理体制を変更する必要がありますか？

A. いいえ。IFRSサステナビリティ開示基準は，企業のリスク管理についてどのような体制を整備するべきかについて定めておらず，企業に対してリスク管理体制の変更を求めるものではありません。

解説

「リスク管理」に関する開示要求は，企業のサステナビリティ関連のリスクおよび機会を識別・評価・優先順位付け・モニタリングするプロセスについて，利用者が理解し評価できるような情報を開示することを目的とするものであり（Q59参照），企業に対して特定のリスク管理体制を義務付けたり変更を求めたりするものではありません。

ただし，IFRSサステナビリティ開示基準を適用して開示する場合，通常，実務的には，自社のサステナビリティ関連のリスク管理プロセスの現状について改めて振り返りを実施することが考えられます。このため，IFRSサステナビリティ開示基準の適用を１つの契機として，サステナビリティ課題に関するリスク管理体制について見直しをすることが多いのではないかと考えられます。

どのようなリスク管理プロセスが適切かは，組織文化や経営者のサステナビリティ関連のリスク管理に対する認識，企業がさらされているリスクおよび機会の種類，サステナビリティ関連リスクに対する現在の対応状況，監督官庁の姿勢等，企業および企業を取り巻く状況によって様々と考えられます。これらを踏まえたうえで，取締役会や経営者の積極的な関与の下，必要な情報の適切な把握と対応策の検討が効果的に実施されるように，自社の状況に適したリスク管理体制を構築していくことが重要と考えられます。

なお，あるべきリスク管理体制を検討するにあたっては，例えば，トレッドウェイ委員会支援組織委員会（Committee of Sponsoring Organizations of the Treadway Commission，COSO）が公表したフレームワークが１つの参考になるものと考えられます。

Column
⑦　**COSOのフレームワーク**

COSOは，1985年に企業の不正な財務報告に関する研究について，不正な財務報告全米委員会（the National Commission on Fraudulent Financial Reporting）を支援するためにアメリカ合衆国に設立されたイニシアティブであり，企業のリスク管理，ガバナンスおよび不正の抑止の実効性の向上も目的としています。

1．報告に関する統制

「Internal Control Integrated Framework」（内部統制に関する統合的フレームワーク，ICIF）は，内部統制の設計，適用，運用および有効性の評価に関するフレームワークです。ICIFは，1992年に公表され，その後，2013年に改訂されています。また，COSOは，2023年3月に，「Achieving Effective Internal Control Over Sustainability Reporting」（ICSR）と題する文書を公表しています。

同文書は，2013年に改訂されたICIFを踏まえつつ，サステナビリティ情報の報告に関する内部統制の整備および運用に焦点を当てて公表された文書です。具体的には，ICIFにおける内部統制の5つの構成要素と，関連する17の原則に関して，サステナビリティ報告に係る内部統制の整備・運用のポイントが示されています。

2．全社リスク管理

「Enterprise Risk Management Integrating with Strategy and Performance」（以下，「COSO ERMフレームワーク」という）は，2017年にCOSOより公表された企業における全社的なリスク管理のあり方を体系的に整理したフレームワークです。また，COSOは2018年に，持続可能な開発のための世界経済人会議（WBCSD）と共同で，全社的なリスク管理（ERM）の概念とプロセスをESG関連リスクに適用するためのガイダンスを開発し，「Enterprise Risk Management －Applying enterprise risk management to environmental, social and governance-related risks（全社的リスク管理の環境・社会・ガバナンス関連リスクへの適用）」として公表しました。

同文書においては，「COSO ERMフレームワーク」の以下の5つの構成要素をESGリスクに適用するためのガイダンスが提供されています。

・ガバナンスとカルチャー
・戦略と目標設定
・パフォーマンス
・レビューと修正
・情報と伝達および報告

3－9　指標および目標

Q61 「指標」に関する開示事項

「指標」に関して，一般に，どのような開示が必要でしょうか？

A. 企業は，サステナビリティ関連のリスクおよび機会に関連するパフォーマンス（設定した目標および法令により要求される目標に対する進捗を含む）の測定に使用した指標について開示する必要があります。

解説

指標に関する開示の目的は，利用者がサステナビリティ関連のリスクおよび機会に関連するパフォーマンスを理解できるようにすることです（IFRS S1. 45）。

この目的を達成するため，IFRS S1号では，指標に関して一般にどのような内容を開示すべきか，また開示に際してどのような点に留意すべきかについて定めています。企業は，すべてのサステナビリティ関連の指標の開示にこれらの定めを適用する必要があります。

なお，情報の開示様式が具体的に定められているわけではありませんが，自社の戦略と関連する指標および目標とのつながりが明確にわかるように開示することが重要です。

1　指標に関する開示事項

IFRS S1号では，企業は，企業の見通しに影響を与えることが合理的に見込まれうるサステナビリティ関連のリスクおよび機会に関する指標について，それぞれ以下の事項を開示することが要求されています（IFRS S1. 46）。

- 適用されるIFRSサステナビリティ開示基準により開示が求められる指標
- サステナビリティ関連のリスクまたは機会を測定し，モニタリングする

ために自社が使用している指標
- サステナビリティ関連のリスクまたは機会に関連するパフォーマンス（自社が設定した目標，法令により要求される目標に対する進捗度を含む）を測定し，モニタリングするために自社が使用した指標

2　開示すべき指標の決定

企業は，自社のビジネスモデル，活動およびその他産業との関係で共通的な特徴に関連する指標を開示対象とすることが要求されています（IFRS S1. 48）。また，IFRSサステナビリティ開示基準以外の情報源（例えば，SASB産業別基準）を参照して開示する指標を決定した場合，当該指標とともにその情報源を開示することが要求されています（IFRS S1. 49）。

3　指標の開示

企業が開発した指標を開示する場合，情報の利用者が当該指標を意思決定に役立てることができるようにするため，以下の情報を開示することが要求されています（IFRS S1. 50）。
- 指標がどのように定義されているか（例：IFRSサステナビリティ開示基準以外の情報源における指標を調整して得られたものか）
- 指標が絶対値か，他の指標との関連で示されるものか，定性的なものか
- 指標が外部機関によって検証されているものか
- 指標の算定に用いた手法，および使用したインプット（使用した手法の制約および使用した重要な仮定を含む）

指標の定義やインプットの算定方法等の説明は，利用者が，当該指標が何を表したものであるかを理解することに役立つとともに，企業が公表する情報が誤って解釈されることを回避することにもつながるため重要です。

4　その他

指標の定義と算定方法は，原則として，一貫して適用する必要があります。ただし，状況の変化に応じて指標が再定義されたり置き換えられたりする場合，以下について開示することが要求されています（IFRS S1. 52, B52）。

- 新たな方法による比較情報（実務的に不可能な場合を除く）
- 変更の内容
- 変更の理由（置き換わった指標がより有用な情報を提供する理由を含む）

なお，指標は，意味があり，明瞭で正確な名称および記述を用いてラベル付けし，定義することが要求されています（IFRS S1. 53）。

Q62 「目標」に関する開示事項

「目標」に関して，一般に，どのような開示が必要でしょうか？

A. 企業は，自社の戦略的なゴールに対する進捗をモニタリングするために設定した目標，および法令により要求される目標について開示する必要があります。

解説

目標に関する開示の目的は，指標と同様，利用者がサステナビリティ関連のリスクおよび機会に関連するパフォーマンスを理解できるようにすることです（IFRS S1. 45）。この目的を達成するため，IFRS S1号では，目標について，**図表62－1**に記載の情報を開示することが求められています（IFRS S1 .51）。

図表62－1 目標に関する開示事項

項目	開示内容
関連する指標	目標を設定するために使用した指標，および目標に対する進捗度をモニタリングするために用いた指標
具体的目標	企業が設定した，または達成が要求される具体的な定量的または定性的目標
対象期間	目標が対象としている期間
基礎となる期間	目標の進捗を測定する際の基礎となる期間
マイルストーンまたは中間的な目標	目標に関するマイルストーンまたは中間目標
パフォーマンス	目標に対するパフォーマンス，および企業のパフォーマンスに関するトレンドやパフォーマンスの変化に関する分析
改訂	目標の改訂，および改訂の理由に関する説明

（出所：IFRS S1号に基づきKPMG作成）

なお，目標についても，指標と同様に，意味があり，明瞭で正確な名称および記述を用いてラベル付けし，定義付けることが要求されています（IFRS S1. 53）。

Q63 気候関連リスクに関する産業横断的指標

気候関連リスクに関して，すべての企業に対して開示が求められる指標はありますか？

A. **はい。すべての企業が開示すべき気候関連の指標として，7つのカテゴリーの産業横断的指標が定められています。**

解説

IFRS S1号には，すべての企業において開示が求められる指標に関する定めはありません。これに対してIFRS S2号では，「産業横断的指標」として7つのカテゴリーが示されています。これらは，IFRS S2号が適用される場合，産業およびビジネスモデルにかかわらず，すべての企業に開示が求められている指標です（IFRS S2. 29）。

1　産業横断的指標

IFRS S2号では，**図表63－1**に記載の7つのカテゴリーの産業横断的指標の開示が求められています。

これらのうち，GHG排出量については，規制当局または企業が上場している市場により異なる方法が要求されている場合を除き，GHGプロトコル「A Corporate Accounting and Reporting Standard」（2004）（以下，「GHGプロトコルのコーポレート基準」という）に基づいて測定することとされています。GHG排出量の測定については，**Q64～Q67**をご参照ください。

一方，GHG排出量以外の6つのカテゴリーの指標については，詳細なガイダンスや説明はありませんが，産業別のガイダンスが1つの参考になるものと考えられます。

図表63－1 産業横断的指標の概要

区分	開 示 内 容
GHG排出量	スコープ1－3のGHG排出量に関する共通の開示内容 ・GHGプロトコルのコーポレート基準に基づき計算されるスコープ1－3のCO_2換算のメートルトンによる絶対排出量（ただし，各管轄区域や市場で他の方法の使用を求めている場合は当該他の方法での算定が認められており（**Q65**参照），また，適用初年度は他の方法の使用および，スコープ3のGHG排出量に関する経過措置が認められている（**Q42**参照）） ・GHG排出量を測定するために使用したアプローチ，インプットおよび仮定，それらを選択した理由 ・アプローチ，インプットおよび仮定を報告期間に変更した場合はその旨および理由
	スコープ1，2の排出量に関する開示内容 ・連結会計グループと，連結会計グループには含まれていない会社（関連会社，共同支配企業，非連結子会社等）を区分して，それぞれのGHG排出量（**Q65**参照） ・スコープ2の排出量については，ロケーション基準により開示することとするが，併せて購入契約情報（**Q65**参照）
	スコープ3の排出量に関する開示内容 ・スコープ3の排出量が，GHGプロトコルのスコープ3基準において示される15のカテゴリーのどのカテゴリーに含まれているか（**Q66**参照） ・銀行，保険会社および資産運用会社である場合はFinanced emissionsに関する情報（**Q67**参照）
移行リスク	移行リスク（低炭素経済への移行により生じるリスク）の影響を受けやすい資産または事業活動の金額および割合
物理的リスク	物理的リスク（気候変動による物理的影響に関連するリスク）の影響を受けやすい資産または事業活動の金額および割合
気候関連の機会	気候関連の機会と整合的な資産または事業活動の金額および割合
資本の投下	気候関連のリスクおよび機会に向けて投下された資本的支出，ファイナンスまたは投資の金額
内部炭素価格（**コラム⑧**参照）	・企業が炭素価格を意思決定にどのように適用しているかの説明（例：投資判断，移転価格およびシナリオ分析） ・企業が排出コストを評価するために使用するGHG排出量の1メートルトン当たりの価格
報酬	・気候関連の考慮事項が，役員報酬にどのように組み込まれているかについての記述 ・当期に認識された役員報酬のうち，気候関連の考慮事項に結びついているものの割合

（出所：IFRS S2号に基づきKPMG作成）

Column ⑧　内部炭素価格（Internal Carbon Pricing）とは？

１．内部炭素価格の定義・目的

内部炭素価格とは，企業が投資，生産，消費パターンの変化，および潜在的な技術的進展および将来の排出削減コストの変化による財務上の影響を評価するために使用する価格のことをいいます（IFRS S2. 付録Ａ「用語の定義」）。

環境省が公表している「インターナルカーボンプライシング活用ガイドライン」では，内部炭素価格は，企業内部で，例えば以下のような目的で利用されるケースがあるとされています。

- 経済的影響の見える化
- 投資の意思決定の際の基準値としての活用
- 投資の意思決定基準の引下げの要素として活用
- 脱炭素投資ファンドを構築するための活用

２．内部炭素価格のタイプ

内部炭素価格は，大きく，「シャドープライス（Shadow price）」と「内部税又は手数料（Internal tax or fee）」に区分されます（IFRS S2. 付録Ａ）。

「シャドープライス」とは，理論上または名目上の金額であり，企業はそれを実際に部署などに課すのではなく，新規投資やプロジェクトの正味現在価値等について検討する際の経済影響またはトレードオフを評価する際に使用することができるものとされています。

「内部税又は手数料」とは，GHG排出量に基づいて，実際に部署などに課される価格であり，企業内移転価格に類似するものです（IFRS S2. 付録Ａ）。

Q64 GHG排出量の区分と測定

GHG排出量についてスコープ1－3の区分が設けられていますが，これらはどのように区分され，どのように測定されるものでしょうか？

A. GHG排出量について，GHGプロトコルのコーポレート基準において，以下のようにスコープ1－3の区分が設けられています。

- スコープ1：企業が所有または支配している排出源からの直接的なGHG排出量
- スコープ2：企業が購入した電気，熱・蒸気の生成からの間接的なGHG排出量
- スコープ3：企業のバリューチェーンの上流および下流の活動で発生する，企業のスコープ2の排出量に含まれないすべての間接的な排出量

GHG排出量は，直接測定する方法と，活動量のデータを用いて算式を用いて算定する方法があります。

解説

1 温室効果ガス（GHG）とは

温室効果ガス（GHG）とは，大気圏に存在し，地表から放射された赤外線を吸収することにより，宇宙空間へのエネルギー放出を妨げる効果をガスのことをいいます。地球は，太陽から受けた放射エネルギーを宇宙へ放出することによりその温度を冷ますことができますが，GHGが増えると十分に放出することができず，結果として気温が上昇することになります。

2 GHGプロトコルとは

GHGプロトコルイニシアティブ（以下，「GHGプロトコル」という）は，京都議定書に定められたGHG排出量の算定と報告に関する基準の開発とその採用の

促進を目的として，1998年に持続可能な発展のための世界経済人会議（World Business Council for Sustainable and Development, WBCSD）および世界資源研究所（World Resource Institute, WRI）によって共同設立された団体であり，事業者，NGO，政府機関など多数の関係者が参画しています。GHGプロトコルにより公表された主な基準およびガイダンスは，**図表64－１**のとおりです。

図表64－１　本書に関連するGHGプロトコルによる基準やガイダンス

名　称	本書内略称	内　容
GHG Protocol Corporate Accounting and Reporting Standard	GHGプロトコルのコーポレート基準	京都議定書に定められたGHG排出量の算定および報告のための基準およびガイダンスとして発行され，TCFDフレームワークにおいても参照することが奨励されている世界的に広く利用されている基準である。
GHG Protocol Scope 2 Guidance	GHGプロトコルのスコープ２ガイダンス	スコープ２のGHG排出量の算定および報告について，コーポレート基準からの更新された要求事項と事例を示している。
GHG Protocol Corporate Value Chain (Scope 3) Accounting and Reporting Standard	GHGプロトコルのスコープ３基準	コーポレート基準を補足する文書として位置づけられており，スコープ３のGHG排出量の算定および報告のためのガイダンスを提供している。スコープ３排出量を算定および報告する際に，コーポレート基準とともに利用することが想定されている。
GHG Protocol Technical Guidance for Calculating Scope 3 Emissions	GHGプロトコルのスコープ３ガイダンス	上記スコープ３基準を補足するスコープ３のGHG排出量算定に関するガイダンスであり，スコープ３の15のカテゴリーのGHG排出量算定手法や，事例などが含まれている。

（出所：GHGプロトコルのウェブサイトに基づきKPMG作成）

3　スコープ１－３の区分

GHGプロトコルのコーポレート基準では，京都議定書に定められた二酸化炭素（CO_2）やメタン（CH_4），一酸化二窒素（N_2O）等の７種類のGHGを対象として，それぞれの排出源に基づき，**図表64－２**のように３つのスコープに分類され，整理されています（イメージは**図表64－３**を参照）。

図表64－2　スコープ１－３のGHG排出量

スコープ	内　　容
スコープ１のGHG排出量	企業が所有または支配している排出源からの直接的なGHG排出量（例：ボイラーやタービンの燃料燃焼，暖房用燃料の燃焼等による直接的な排出量）
スコープ２のGHG排出量	企業が購入した電気，熱・蒸気の生成からの間接的なGHG排出量（例：自己使用のために購入した電力の生成の際に発生した排出量）
スコープ３のGHG排出量	企業のバリューチェーンの上流および下流の活動で発生する，企業のスコープ２の排出量に含まれないすべての間接的な排出量

（出所：GHGプロトコルのコーポレート基準に基づきKPMG作成）

図表64－3　スコープ１－３のGHG排出量イメージ図

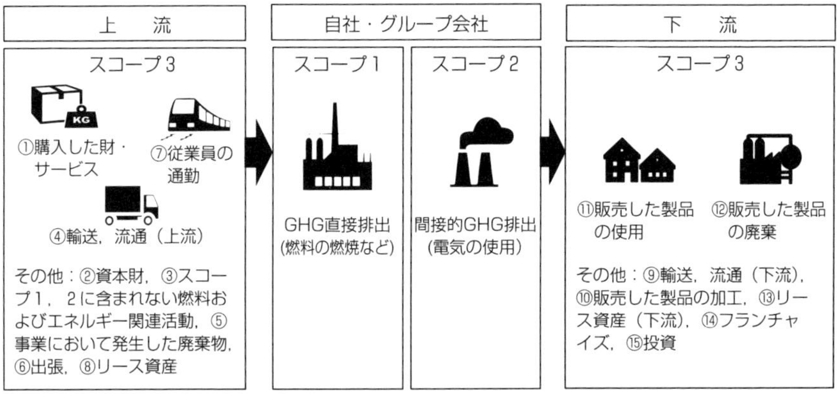

（出所：環境省のウェブサイトに基づきKPMG作成）

IFRS S2号では，GHG排出量の開示にあたって，原則として，GHGプロトコルのコーポレート基準に基づいて，スコープ１－３に区分して測定することが求められています（IFRS S2. 29(a)(i)(ii)）。

4　GHG排出量の測定

GHG排出量は，スコープ１－３のいずれも，直接的に測定する方法と見積りにより測定する方法があります。このうち，直接的に測定する方法は，見積値の利用が不要であるため，不確実性は最小限になりますが，特にスコープ２

や３の間接的な排出量については，利用できる場合が限られます。

そのため，GHG排出量は，以下の算式によって測定する方法が一般的です。

GHG排出量 （二酸化炭素換算トン）	＝ 活動データ × 排出係数 × 地球温暖化係数

上記のうち，「活動データ」は，例えば電力使用量のように，活動の規模に関する量のことをいいます。「排出係数」は，活動データに適用してGHG排出量に変換する計算比率であり，各国や国際エネルギー機関等が公表しています。「地球温暖化係数」は，GHGプロトコルが対象としている７種類のGHGのうち二酸化炭素以外のものを二酸化炭素換算量に変換するための係数です。

Q65 スコープ1およびスコープ2の排出量の開示

スコープ1およびスコープ2のGHG排出量の開示について，どのような点に留意すべきでしょうか？

A. 企業はスコープ1およびスコープ2のGHG排出量の開示にあたり，まずGHG排出量の算定・報告の範囲を決定する必要があります。

また，GHG排出量の算定にあたっては，使用する排出係数および地球温暖化係数の選択に留意する必要があります。

解説

1　算定・報告の範囲に関する留意事項

IFRS S2号では，関連会社，共同支配企業，非連結子会社または連結会計グループに含まれていない関係会社（以下，「関連会社等」という）にかかるスコープ1およびスコープ2のGHG排出量を，連結会計グループとは別個に開示することが求められています。

関連会社等のスコープ1およびスコープ2のGHG排出量の算定に際しては，関連会社等の企業のうち，どの企業を算定・報告の範囲に含めるかについて決定する必要があります。この決定は，GHGプロトコルのコーポレート基準に定められた「持分割合法」，「経営支配法」または「財務支配法」のいずれかの方法によるものとされており，企業は，関連会社等に関するスコープ1およびスコープ2のGHG排出量の算定に用いた方法を開示することとされています(IFRS S2. 29(a)(iii))。

「持分割合法」は，報告対象となる企業におけるGHG排出量を，所有する持分の割合に基づいて含める方法です。例えば，30%の持分を所有している場合は，当該企業におけるGHG排出量の30%を算定に含めます。

これに対して，「経営支配法」や「財務支配法」は，企業が経営または財務をそれぞれ支配している場合に支配下の事業からの排出量の100%を算定に含める方法です。これらの方法による場合は，経営または財務を支配していない企業におけるGHG排出量は，スコープ1およびスコープ2排出の算定・報告の範囲に含まれません。

2　数値の算定および報告に関する留意事項

(1)　GHG排出量算定の際の排出係数および地球温暖化係数

IFRS S2号では，比較可能性の観点から，スコープ1－3のGHG排出量の算定にあたり，気候変動に関する政府間パネル（Intergovernmental Panel on Climate Change, IPCC）が評価した最新の地球温暖化係数（評価期間：100年）を使用することが求められています（IFRS S2. B21, B22. BC92）。一方，排出係数については，GHG排出に係る企業の活動を最もよく表す排出係数の使用が求められています（IFRS S2. B29, BC94）。

(2)　スコープ2のGHG排出量の開示

GHGプロトコルのスコープ2ガイダンスによると，スコープ2のGHG排出量を算定する手法には「ロケーション基準」と「マーケット基準」があります（**図表65－1**参照）。IFRS S2号では，GHG排出量の開示にあたって，「ロケーション基準」による開示が求められる一方，「マーケット基準」による開示は明示的に要求されていません。ただし，企業のスコープ2のGHG排出量について利用者が理解するために必要と考えられる購入契約の情報については開示が求められています（IFRS S2. 29(a)(v)）。

図表65－1　スコープ2のGHG排出量の算定手法

手　法	特　徴
ロケーション基準 (Location-based)	・その地域における平均的な発電排出係数に基づいて算定する方法。 ・低炭素電力を調達するなどの企業独自の取組みの効果が反映されない。
マーケット基準 (Market-based)	・企業の電力購入契約に基づく排出係数に基づいて算定する方法。 ・低炭素電力を調達するなどの企業独自の取組みの効果が反映される。

（出所：GHGプロトコルのスコープ2ガイダンスに基づきKPMG作成）

⑶ GHGプロトコルのコーポレート基準（2004）以外による算定

IFRS S2号では，GHGプロトコルのコーポレート基準（2004）に準拠して，各スコープのGHG排出量を算定することが要求されています。一方，企業が属する各管轄地域の規制当局や企業が上場している市場が，GHG排出量の算定に関してGHGプロトコルと異なる算定方法の使用を求めていることがあります。

このため，IFRS S2号では，企業が，GHG排出量の報告に関して異なる基準に基づく複数の報告をしなければならなくなることを避けるため，GHGプロトコルのコーポレート基準以外の指定された方法を使用することが許容されています（IFRS S2. 29(a)(ii), BC88）。

⑷ 適用初年度の取扱い

適用初年度における経過措置については，**Q42**をご参照ください。

Q66 スコープ3の排出量の開示

IFRS S2号では，スコープ3のGHG排出量の開示も要求されていますか。また，開示にあたって，どのような点に留意すべきでしょうか？

A. **はい。スコープ3のGHG排出量の開示も要求されています。**

開示にあたっては，開示情報算定の基礎となるインプットの優先順位付け，報告期間が異なる場合の取扱い等に留意する必要があります。

解説

1　スコープ3のGHG排出量の開示

IFRS S2号では，スコープ3のGHG排出量についても，GHGプロトコルのコーポレート基準に準拠して算定した数値を開示することが要求されています。また，開示する排出量がGHGプロトコルのスコープ3基準（2011）において分類されているスコープ3の15のカテゴリーのうち，どのカテゴリーに含まれているかについても開示する必要があります(IFRS S2. 29(a)(i)(vi)(1))。

なお，金融業を営む会社には，Financed emissionsに関する情報についても開示が要求されています。Financed emissionsの詳細については，**Q67**をご参照ください(IFRS S2. 29(a)(vi)(2))。

スコープ3のGHG排出量は，**図表66－1**で示した15のカテゴリー（内訳：上流8つ，下流7つ）に分類されます。

図表66－1　スコープ3のカテゴリー区分

区分	カテゴリー	算定対象
上流	1　購入した財·サービス	原材料・部品，仕入商品・販売に係る資材等が製造されるまでの活動に伴う排出
	2　資本財	自社の資本財の建設・製造に伴う排出
	3　スコープ 1，2に含まれない燃料およびエネルギー関連活動	他者から調達している燃料の調達，電気や熱等の発電等に必要な燃料の調達に伴う排出
	4　輸送，流通（上流）	①報告対象年度に購入した製品・サービスのサプライヤーから自社への物流（輸送，荷役，保管）に伴う排出 ②報告対象年度に購入した①以外の物流サービス（輸送，荷役，保管）に伴う排出（自社が費用負担している物流に伴う排出）
	5　事業において発生した廃棄物	自社で発生した廃棄物の輸送，処理に伴う排出
	6　出張	従業員の出張に伴う排出
	7　従業員の通勤	従業員が事業所に通勤する際の移動に伴う排出
	8　リース資産（上流）	自社が賃借しているリース資産の操業に伴う排出（スコープ 1，2で算定する場合を除く）
下流	9　輸送，流通（下流）	自社が販売した製品の最終消費者までの物流（輸送，荷役，保管，販売）に伴う排出（自社が費用負担していないものに限る）
	10　販売した製品の加工	事業者による中間製品の加工に伴う排出
	11　販売した製品の使用	使用者（消費者・事業者）による製品の使用に伴う排出
	12　販売した製品の廃棄	使用者（消費者・事業者）による製品の廃棄時の処理に伴う排出
	13　リース資産（下流）	賃貸しているリース資産の運用に伴う排出
	14　フランチャイズ	フランチャイズ加盟者における排出
	15　投資	投資の運用に関連する排出

（出所：環境省「サプライチェーンを通じた温室効果ガス排出量算定に関する基本ガイドライン（ver.2.4)」に基づきKPMG作成）

2　スコープ3のGHG排出量の開示に関する留意事項

(1)　排出量算定に関するガイダンス

スコープ3のGHG排出量の算定にあたっては，直接的に測定することは特に困難であり，見積りによって算定することがほとんどと考えられます。このため，IFRS S2号には，企業がスコープ3のGHG排出量の算定にあたって，どのようなインプットを優先的に利用すべきかに関する考え方が示されています。

具体的には，GHG排出量の算定が忠実な表現となるように，以下のデータを優先的に利用することが要求されています（IFRS S2. B40）。

- 直接測定されたデータ
- バリューチェーン上の特定の活動から得られたデータ
- バリューチェーン上の活動およびそのGHG排出量に関する地域特性や利用されているテクノロジーを忠実に表現した適時なデータ
- 検証済のデータ

また，IFRS S2号では，GHG排出量の算定方法，インプットおよび仮定について開示することが求められています(IFRS S2. 29(a)(iii)(1))。スコープ3のGHG排出量については，これに加え，以下の情報を開示することが要求されています（IFRS S2. B38-B57）。

- バリューチェーン上の特定の活動から得られたインプットを利用した程度
- 検証済のインプットを利用した程度

なお，スコープ3のGHG排出量については信頼性をもって見積ることが実務的に不可能と判断することも稀にあることが想定されます。このような場合には，企業がどのようにスコープ3のGHG排出量を管理しているかについて開示することが必要となります（IFRS S2. B57）。

(2)　報告期間が異なる場合

スコープ3のGHG排出量の算定にあたっては，バリューチェーン上の企業から報告企業と同一の報告期間の情報を入手することが困難であることがあります。このため，以下の要件を満たす場合には，報告期間が異なる当該他の企業からのデータを利用することが認められています（IFRS S2. B19, BC114）。

- 報告企業が過大なコストと労力をかけない範囲でバリューチェーン上の企業から得られた最新のデータを利用し，GHG排出量の開示をしていること
- 報告期間の長さが一致していること
- バリューチェーン上の企業の報告日と企業の一般目的財務報告の日付との間に生じた重大な事象や変化の影響が開示されること

(3) 適用初年度の取扱い

適用初年度における経過措置については，**Q42**をご参照ください。

Q67 Financed emissionsの開示

IFRSサステナビリティ開示基準ではFinanced emissionsの開示が要求されていますが，これはどのような内容でしょうか？

A. **Financed emissionsとは，スコープ３のGHG排出量の15のカテゴリー（Q66参照）のうちカテゴリー15に属するものであり，融資先や投資先から生じる排出量のことをいいます。IFRS S2号では，商業銀行業，保険業および資産管理業を営む会社においては，Financed emissions に係る情報を開示することが要求されています。**

解説

IFRS S2号では，産業別の開示ガイダンスを参照したうえで開示すべき項目を考慮することが要求されていますが，特定の項目を開示することは要求されていません。

しかし，商業銀行業，保険業および資産管理業を営む会社（以下，「金融機関」という）においては，GHG排出量が多い取引先に投融資を行っている場合，そのような投融資先が技術や政策等の変化によるリスクにさらされることで，金融機関が間接的に影響を受ける可能性があります。このような可能性に関する情報を提供するために，金融機関についてはスコープ３のGHG排出量のうちカテゴリー15「Financed emissions」（融資先や投資先から生じる排出量）に係る情報を開示することが要求されています（IFRS S2. 29(a)(vi)(2), B58）。

具体的には，Financed emissionsについて，産業別に**図表67－１**の開示が要求されています（IFRS S2. B58-B63）。

図表67－1　Financed emissionsに関する開示

区分	商業銀行および保険業	資産管理業
Financed emissionsの総量	・スコープ1－3の別に分類して開示 ・産業の別，資産クラスの別によって開示	・スコープ1－3の別に分類して開示
表示通貨による関連金額	・上記に関する実行済の資金供与済額，および貸出コミットメント（未実行部分）の金額	・上記に関する運用資産の総額
割合	・Financed emissionsの算定に含まれるグロスエクスポージャーの割合	・Financed emissionsの算定に含まれる運用資産の総額の割合
共通	・Financed emissionsの算定に使用した手法の説明（自社に帰属する部分の配分方法を含む）	

（出所：IFRS S2号に基づきKPMG作成）

なお，IFRS S2号では，保険業については，保険会社の資産サイドだけを対象としており，保険・再保険業における引受ポートフォリオのAssociated emissionsの開示は要求されていません。また，IFRS S2号では，測定方法がまだ十分に成熟していないことを理由として，投資銀行業務におけるFacilitated emissions（投資銀行業務に関して生じるGHG排出量）に関する開示については要求しないこととしています（IFRS S2. BC129）。

第4章

業種が異なれば
開示すべき事項も異なる?

4－1　産業別開示基準－全般的事項

Q68 産業別開示基準の意義

サステナビリティ関連情報の開示基準のなかには，SASBスタンダードのように産業別の開示に焦点を当てた基準も公表されています。産業横断的な開示のみでなく，このような産業別の開示基準が作成されているのは，なぜですか？　どのようなメリットがあると考えられますか？

A. 産業別の開示基準が作成されているのは，企業が開示すべきサステナビリティに関するトピックや当該トピックに関連する指標は，企業が属する産業のビジネスモデルや置かれている状況の相違により異なると考えられるためです。

産業別開示基準には，以下のようなメリットがあると考えられます。

- 産業内での比較可能性を向上させること
- 企業がサステナビリティ関連情報を作成する際，過度の負担を軽減させること

解　説

1　産業別の開示基準が作成される主な理由

サステナビリティ関連情報の開示に関する基準のなかには，SASBスタンダードのように，産業別の開示事項に焦点を当てた開示基準も公表されています。IFRSサステナビリティ開示基準においても，S2号のパートBにおいて，SASBスタンダードを基礎とする詳細な産業別の開示トピックと指標が適用ガイダンスという位置付けでまとめられています。

このように産業別の基準やガイダンスが公表されているのは，例えば，同じサステナビリティ・トピック（例：気候変動）であっても，企業のビジネスモ

デルや置かれている状況が異なれば，当該サステナビリティ・トピックに関連するリスクおよび機会も異なると考えられるためです。産業別の開示基準やガイダンスは，産業固有のサステナビリティ関連のリスクおよび機会を特定し，それらに関する情報を提供する際に役立ちます。

産業によりサステナビリティ関連のリスクおよび機会が異なる例として，SASBスタンダードにおける(1)食品小売および流通業，(2)航空会社，(3)不動産金融業のそれぞれと関連する気候変動課題についてみてみましょう。「気候変動」といっても，その企業が属する業界やビジネスモデルにより，SASBスタンダードにおける開示トピックがかなり異なることがわかります。

(1)　食品小売および流通業

食品小売および流通業は，一般に，食品の輸送のために自社で多くの車両を保有（フリート車両といいます）しています。これらの車両が燃料を消費することにより多量のGHGが排出され，気候変動に大きな影響を及ぼす可能性があります。そのため，開示トピックの１つとして「フリート燃料管理」が挙げられています。また，生鮮食品や冷凍食品の輸送，保管，陳列には保冷のための機器の使用が必須となりますが，保冷機器を使用する場合には，オゾン層に被害をもたらすことが指摘されている冷媒化学物質が排出されます。

そのため，開示トピックの１つとして，「冷媒からの大気排出量」も挙げられています。

(2)　航空会社

飛行機の運行には航空機燃料の使用が不可欠ですが，炭化水素燃料への依存度が高いため，著しい量のGHGが排出されます。そのため，気候変動緩和を目的とした規制を順守するためのコストや当該規制に関連するリスクの影響を受けやすいという特徴があります。このような背景から，これらの企業については燃料管理が重要課題であり，燃料の効率化に加えて代替燃料やサステナブルな燃料の導入が重要な検討事項となります。

こうした点を踏まえ，航空会社については，開示トピックとして，「温室効果ガス排出」が挙げられています。

(3) 不動産金融業

この業界に属する企業は，上述の２つの業界と比較すると，自社の業務によるGHGの排出は少ないと考えられます。一方で，気候変動に伴う異常気象の頻度の増加は，顧客への影響を通じて不動産金融業に属する企業にもマイナスの影響を及ぼすことが考えられます。具体的には，大型台風や洪水の発生頻度の増加，大規模化に伴い，ローンの未払いやデフォルトのおそれが高まるとともに，担保不動産の価値が下落する可能性もあります。

したがって，これらの業界に属する企業の企業価値の評価に際して重要となる開示トピックとして，「抵当不動産に対する環境上のリスク」が挙げられています。

2 産業別の開示基準が存在することのメリット

産業別の開示基準やガイダンスがあることにより，産業固有のリスクおよび機会に関する情報の提供に役立つという効果に加え，産業内における比較可能性が向上するという効果が期待できます。同じサステナビリティ課題に関する開示（例：気候変動）であったとしても，どのようなトピックを開示し，そのトピックにおいて何を指標とするかが企業の判断に委ねられている場合には，企業に過度の負担がかかる可能性があり，また，様々な開示が行われることにより，投資家にとっても業界内の企業比較を行うことが難しくなる可能性があります。

このため，考慮すべきと考えられる開示トピックおよび指標が示されることにより，企業の負担が一定程度軽減されるとともに，比較可能性が向上し，各ステークホルダーによる企業価値の評価に資する情報の提供に役立つことが期待されます。

図表68－1　産業別開示基準の意義

サステナビリティ関連のリスクおよび機会は，企業のビジネスモデル，経済活動，ビジネスが依拠している資源または企業活動が影響を与える資源により異なると考えられる

↓

産業・ビジネスが異なれば，開示トピックも異なる

例えば，気候変動というテーマについて考えると…

食品小売および流通

↓

食品輸送用の車両や保冷のための冷媒の使用によるGHG排出

↓

【開示トピック】
- フリート燃料管理
- 冷蔵からの大気排出量

…など

航空会社

↓

航空機燃料の使用により，GHG排出

↓

【開示トピック】
- GHG排出

不動産金融

↓

異常気象等によりローンの未払いやデフォルトの増加，担保不動産の価値の低下

↓

【開示トピック】
- 抵当不動産に対する環境上のリスク

産業・ビジネスモデルの違いに対応し，かつ産業ごとの開示トピックおよび指標を挙げることにより，産業内の比較可能性を高める効果

（出所：SASBスタンダードを参照してKPMG作成）

Q69 SASBスタンダードとIFRS S2号の産業別適用ガイダンス

IFRS S2号に付随するものとして公表されている産業別の適用ガイダンスは，SASBスタンダードに基づいているとのことですが，その内容は，SASBスタンダードと整合したものとなっているのでしょうか？

A. **はい，両者はそのカバーするサステナビリティ領域（IFRS S2号の産業別適用ガイダンスは気候変動に関連するものに限定）が異なるという点を除き，内容的に整合したものとなっています。**

解説

IFRS S2号の一部を構成しないものの，同基準に付随するものとして公表されている産業別の適用ガイダンスは，サステナビリティ課題全般を対象とするSASBスタンダードの各基準書のうち，気候変動に関連する内容を取り出したものを出発点として作成されています。

SASBスタンダードは，米国で開発されたものであることから，開示すべきとされているトピックや指標のなかには，米国の固有の制度や事情を反映したものが含まれていることがありました。この点，IFRSサステナビリティ開示基準は，グローバル・ベースラインとなることを想定して開発されているものであるため，適用ガイダンスに含める内容は，世界中で広く使用されることを前提としたものとする必要があります。

そこで，IFRS S2号の気候変動に関する産業別の適用ガイダンスの開発に際しては，米国固有の制度等が反映されている開示トピックや指標について，国際的に広く使われている定義や指標に置き換えたり，新しく定義や指標を定めたりするなどの対応（以下,「基準の国際化」という）が図られています。また，IFRS S2号の公表に伴い，関連する各SASBスタンダードの気候変動関連部分も当該修正を反映するためにアップデートされています。

IFRSサステナビリティ開示基準では，個別基準が公表されていないサステナビリティ領域に関するリスクおよび機会を特定し，開示すべき重要な情報を決定するためにSASBスタンダードの内容を考慮することが求められているため，各SASBスタンダードの残りの部分についても「基準の国際化」が行われることが重要です。ISSBは，これに対応するため，2023年5月に公開草案「SASBスタンダードの国際的な適用可能性を向上させるための方法論およびSASBスタンダード・タクソノミのアップデート」を公表しました。ISSBは，公開草案でのフィードバックを検討し，SASBスタンダードを修正するための方法論等について決定した後，修正版のSASBスタンダードを2023年12月に公表しています。

Q70 IFRSサステナビリティ開示基準の産業分類

IFRSサステナビリティ開示基準のS2号の産業別適用ガイダンスにおける産業分類はどのように行われているのでしょうか？

A. **IFRSサステナビリティ開示基準のS2号の産業別適用ガイダンスにおける産業分類は，その開発の基礎となったSASBスタンダードで用いられている「持続可能な産業分類システム」（Sustainable Industry Classification System®, SICS®）に基づいています。**

解説

IFRSサステナビリティ開示基準のS2号の産業別適用ガイダンスにおける産業分類は，その開発の基礎となったSASBスタンダードで用いられている「持続可能な産業分類システム」（Sustainable Industry Classification System®, SICS®）に基づいています（IFRS S2. IB8）。

SICSは，企業が直面しているサステナビリティ関連のリスクと機会に基づいた分類方法です。すべての企業は，財務資本に依存していますが，一方で，財務資本のみに依存しているわけではありません。企業の市場価値の多くは，知的資本，顧客との関係，ブランド価値，その他自然資本，社会資本および人的資本等の無形資産から構成されています。SICSは，これらの財務資本以外のものの影響も考慮しなければ企業の全体像を把握することはできないとの考え方の下，企業のビジネスモデルや関連する事業活動を踏まえ，企業の価値の源泉となる非財務資本への影響や依存の特徴に基づき，企業を11セクター，77業種に区分しています。

例えば，他の分類システムにおいては，クルーズ会社とホテル等の宿泊施設運営会社は，いずれも旅行に関連するものとして同じ産業区分に分類されていることがあります。しかし，クルーズ会社とホテル運営会社が直面する具体的なサステナビリティ関連のリスクおよび機会は異なる可能性があります。ホテルの生態系への影響に関するリスクの理解のためには，保護区域または絶滅危惧種の居住地の近くで営業している施設数等の情報が有用と考えられます。一方で，クルーズ会社の生態系への影響に関するリスクの理解のためには，クルーズ運行により環境に排出された廃棄物の総量や海洋保護区等におけるクルーズ期間といった情報のほうが有用と考えられます。

図表70－1は，SICSの11セクター，77業種を示したものです。IFRSサステナビリティ開示基準のS2号では，産業別適用ガイダンスとしてこのうち68業種が取り上げられています（**Q74**参照）。

図表70－1　SICS－11セクター，77業種

セクター	業　種
消費財	•衣服，装飾品および履物 •家電製造 •建築用製品および家具 •家庭用および個人用製品 •おもちゃ・スポーツ用品 •複合型および専門型小売・流通 •電子商取引
採掘および鉱物加工	•石炭事業 •工事用資材 •鉄鋼製造業 •金属・鉱業 •石油・ガス－探鉱および生産 •石油・ガス－中流 •石油・ガス－精製およびマーケティング •石油・ガス－サービス
金融	•資産運用および管理業務 •投資銀行および仲介 •証券・商品取引所 •商業銀行 •消費者金融 •不動産金融 •保険
食品および飲料	•農産物 •食肉，家禽および乳製品 •加工食品 •酒類 •清涼飲料 •食品小売・流通業 •飲食店 •タバコ
医療	•バイオテクノロジー・医薬品 •医薬品小売 •医療提供 •衣料品流通 •管理型医療 •医療機器および消耗品

セクター	業　種
インフラ	•電気事業および発電事業 •ガス事業および流通業 •水道事業およびサービス •エンジニアリングおよび工事サービス •住宅建築業 •不動産 •不動産サービス •廃棄物処理
再生可能資源および代替エネルギー	•バイオ燃料 •燃料電池と産業用電池 •太陽光技術とプロジェクト開発業 •風力技術およびプロジェクト開発業 •森林管理 •パルプおよび紙製品
資源加工	•航空宇宙および防衛 •容器および包装 •電気および電子機器 •工業用機械および製品 •化学
サービス	•広告・マーケティング •メディア＆エンターテイメント •カジノおよびゲーム •ホテルおよび宿泊施設 •レジャー施設 •教育 •プロフェッショナルサービスおよび商業サービス
技術および通信	•EMSおよびODM •ハードウェア •ソフトウェアおよびITサービス •インターネットメディアおよびサービス •半導体 •通信サービス
輸送	•航空会社 •航空貨物およびロジスティクス •自動車 •自動車部品 •レンタカーおよびカーリース •クルーズ会社 •海上輸送 •鉄道輸送 •道路輸送

（出所：IFRS財団のSASBのウェブサイト上の"Find Your Industry"およびIFRS S2号の適用ガイダンスに関するSSBJによる日本語訳を参照してKPMG作成）

Q71 産業区分の選択（複数の産業が関係する場合）

企業のビジネスに複数の産業が関係する場合，気候関連に関してはどの産業別適用ガイダンスを参照し，気候関連以外のサステナビリティ領域に関してはどのSASBスタンダードを考慮すればよいですか？

A. 自社の営む事業が複数の産業に関係する場合は，企業の見通しに影響を及ぼすことが合理的に見込まれうるサステナビリティ関連のリスクおよび機会の特定および開示に際し，気候関連については関係する複数の産業に関するIFRS S2号と併せて公表されている産業別適用ガイダンス，気候変動以外のサステナビリティ領域に関しては関係する複数の産業のSASBスタンダード（以下，「産業別ガイダンス等」という）を参照し，これらのガイダンスやスタンダードを適用すべきか否か検討する必要があります。

（※） 上記回答は，気候関連（IFRS S2号）以外の個別基準が公表されていない状況を前提として記載しています。今後，気候関連以外のサステナビリティ領域に関する個別基準が公表された場合，当該サステナビリティ領域についてはSASBスタンダードではなく，当該個別基準のガイダンスが優先されることになる点，ご留意ください。

解説

企業のなかには，SICS（Q70参照）の単一の産業にのみ関係する事業を行っている企業もあれば，複数の産業に関係する幅広い事業を行っている企業もあります。特にコングロマリットのように産業横断的に事業が水平統合されている企業や，原材料の製造から販売までを通じて事業が垂直統合されている企業においては，SICSの単一の産業にとどまらず，複数の産業が関係すると考えられます。また，同じセクター内であっても，例えば酒類と清涼飲料の両方の製品を製造しているような場合も，SICSの分類上，複数の産業区分が関係することになります。

このように，企業の事業内容がSICSの複数の区分に関係している場合，企業の見通しに影響を及ぼすことが合理的に見込まれうるサステナビリティ関連のリスクおよび機会の特定および開示に際し，代表的な１つの産業を選択して単一の産業別ガイダンス等を参照するのではなく，自社の事業が関係する複数の産業別ガイダンス等のすべてを参照し，これらのガイダンスや基準を適用すべきか否かを検討することになります（IFRS S1. IG16, IFRS S2. IB9）。ただし，複数の産業別のガイダンス等を参照する場合でも，産業別ガイダンス等で示されているすべての開示トピックに関する指標について，必ず開示しなければならないわけではありません（Q22参照）。

なお，企業が多岐にわたる産業に関係している場合にどの産業に関する産業別ガイダンス等を参照するか，また，各産業別ガイダンス等のどの開示トピックおよび指標を開示するかは，企業の置かれた状況や重要性も踏まえたうえで，企業において判断が必要になるものと考えられます。

図表71－1　複数の産業が関係する場合の産業区分の選択

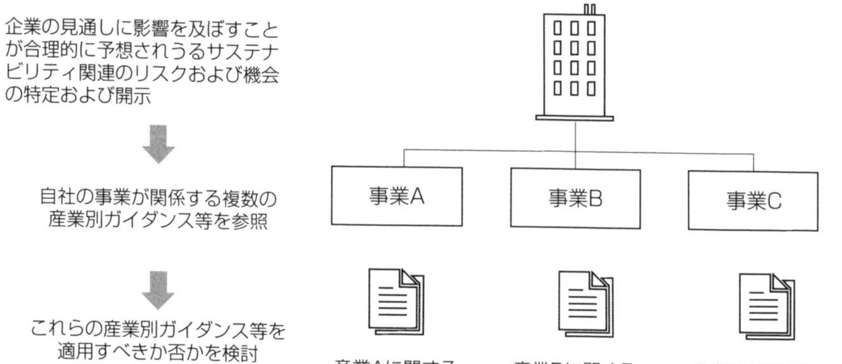

（出所：IFRS S1号の例示的ガイダンスおよびIFRS S2号の産業別適用ガイダンスに基づきKPMG作成）

Q72 産業区分の選択（自社の状況が産業別開示基準の開示項目と整合しない場合）

自社の属する産業に関連するIFRS S2号の産業別適用ガイダンスやSASBスタンダード（以下，「産業別ガイダンス等」という）における開示トピックや指標が自社の状況に当てはまらない場合，どのような対応が考えられますか？

A. **自社の属する産業の産業別ガイダンス等における開示トピックや指標が，何らかの理由で自社の状況に当てはまらない場合，当該開示トピックや指標について開示する必要はありません。ただし，場合によっては，その旨や判断の理由について説明することが有用な情報提供につながることも考えられます。**

解説

ある産業に属する企業のビジネスモデルが当該産業において一般的と考えられるものと異なる部分があることにより，産業別ガイダンス等における開示トピックや指標の一部またはすべてが企業の状況に当てはまらないケースも考えられます。また，そのようなケースでなかったとしても，ある産業別ガイダンス等で示された開示トピックや指標が，自社の状況に照らした場合，全体としての重要性が低く，自社の見通しに短・中・長期にわたって影響を及ぼすことが合理的に予想されるようなものではないことも考えられます。このような場合には，企業は，それらの開示を行う必要はありません（IFRS S1. B25, S2. BC137）。

企業が，産業別ガイダンス等に示されている開示トピックや指標の開示を行わないこととする場合，それらを開示しない理由を説明することは，基準上，特に求められていません。ただし，場合によっては，そのような開示を行うことにより，企業が産業別ガイダンス等について検討したことが企業外部の情報利用者にも明確に伝わるとともに，情報の利用者が開示省略の背景について理解するのに役立つ可能性があります。

Q73 産業区分の変更

一度決めた産業区分を任意に変更することは可能でしょうか？

A. いいえ。産業区分を企業が任意に変更することは想定されていません。ただし，企業が新規事業を立ち上げたり取得したりした場合には，新たな産業区分が適用となる可能性があります。また，SICSは不変のものではなく，時の経過とともに状況の変化に伴い産業分類の統合や分割等が行われる可能性があります。

解説

産業区分は，企業が営むビジネスにより決定されます。そのため，企業が一度該当すると判断した産業区分を任意に変更することは想定されていません。ただし，企業が合併や新規事業の立ち上げ等により，今までとは異なる事業を始め，当該事業に関するサステナビリティ関連の情報が，投資家等の情報利用者の意思決定に有用なものとなる場合には，その事業が属する産業の産業別開示基準を追加的に参照して開示すべきトピックと指標を検討することになります。

なお，頻繁に起こる事象ではないと考えられますが，IFRSサステナビリティ開示基準の産業区分の基礎となっているSICSが変更された場合，企業の産業区分にも影響が生じる可能性があります。企業のビジネスモデルは，企業を取り巻く環境に適応するために絶えず変化していると考えられ，セクターや産業の構成，それらの相互関係も進化し続けると考えられます。SICSは必ずしも不変のものではなく，このような変化を適切に表し，各産業におけるサステナビリティのプロファイルのより正確な評価を可能とするため，必要に応じて産業の統合や分割が行われることがあります。

実際，SASBのプロジェクトを引き継いだIFRS財団のウェブサイト上においては，自社が属すると考えられる産業区分がないと思われる場合や，産業区分の見直しが必要と考えられる場合には，SICSの利用者が質問を送付することができるようになっています。

4－2 IFRS S2号の産業別適用ガイダンスの構成と内容

Q74 IFRS S2号の産業別適用ガイダンスの全体像

IFRS S2号の産業別適用ガイダンスの全体像について教えてください。

A. IFRS S2号の気候変動に関する産業別適用ガイダンスは，11セクターにわたる68の産業別のガイダンスから構成されています。

各産業別適用ガイダンスにおいては，それぞれの産業の説明，産業固有の開示トピックおよび指標，会社の活動規模を示す活動指標，各開示トピックの内容の説明と指標の開示をサポートするためのガイダンス等が定められています。

解説

IFRS S2号の産業別適用ガイダンスは，11セクターにわたる68の産業別に分かれており，各巻における主要な記載事項は，以下のとおりです。

① 産業の説明

② 産業における気候関連のリスクまたは機会に係る開示トピックおよびその開示トピックに関連する指標の一覧

③ 企業の活動規模を示す活動指標の一覧

④ ②で特定された各開示トピックの内容を説明するトピックサマリーと当該開示トピックに関連する指標の開示をサポートするためのガイダンス

まずはじめに，「産業の説明」として，産業を構成するセグメントやそのビジネスモデル等の産業の特徴が記載されています。この記述は，開示トピックや指標等がなぜ当該産業に関係するかを理解するうえでの基礎的な知識として有用です。

続いて，産業の特徴を前提として，当該産業における気候変動のリスクまたは機会に係る「開示トピック」と当該開示トピックに関連して企業の将来の見通しの評価に資する可能性が高い具体的な「指標（定量的指標，定性的指標）」の一覧が記載されています。また，併せて，企業の活動規模を定量化するための「活動指標」の一覧が記載されています。この「活動指標」は，データを正規化し比較可能性を高めることを意図するものです（これらの詳細については，Q75参照）。

さらに，それぞれの開示トピックの内容を簡単に説明したトピックサマリーと，各指標の開示をサポートする詳細なガイダンス（技術的プロトコル）が記載されています。

IFRSサステナビリティ開示基準における産業別適用ガイダンスは，SASBスタンダードをベースとして作成されています。これは，主に，以下の理由によります。

- ISSB設立にあたってのコンサルテーションペーパーに対するフィードバックを踏まえ，IFRSサステナビリティ開示基準の開発に際しては，既存の基準設定主体と協働し，それらが開発した成果物を基礎とする方針であること（Q６参照）
- SASBスタンダードは，企業価値の評価に関連するサステナビリティ情報を企業が一般目的財務報告の利用者に伝えることを可能とする目的で開発されており，産業固有の開示トピックに加え，これらのトピックに関する企業のパフォーマンスを利用者が評価するのに役立つ標準化された指標を定めていること

ただし，SASBスタンダードにおける産業別開示基準は，11セクターにわたる77の産業についてそれぞれ開示に関する規定が設けられていますが，このうち，「消費者金融」や「教育」等の９つの産業については，気候変動による影響度合いが相対的に低く，気候関連の開示トピックは含まれていません。そのため，IFRSサステナビリティ開示基準におけるIFRS S2号の産業別適用ガイダンスでは，当該９つの産業が除外されており，11セクターにわたる68の産業について開示に関するガイダンスが設けられています。

また，当該11セクターおよび68産業における開示に関する規定は，SASBスタンダードに含まれているものとほぼ同様ですが，ISSBは，国際的に適用しやすい基準とするため，SASBスタンダードにおいて法域固有の規制または基

準を引用していた気候関連の指標について適宜修正しています（Q69 参照）。

なお，産業別適用ガイダンスは，公開草案の時点では，産業別開示基準として公表されていましたが，公開草案に対するコメントを受け，再審議の結果，強制力のない適用ガイダンスとなりました。ただし，ISSBは，今後さらなる協議を行ったうえで，将来的には産業別適用ガイダンスの内容を強制力のある要求事項とする意向であることを明らかにしています。

図表74－1　IFRSサステナビリティ開示基準の産業別適用ガイダンスにおける11セクター・68産業

消費財	採掘・鉱物加工	金融	食品・飲料	医療	インフラ	再生可能資源・代替エネルギー	資源加工	サービス	技術・通信	輸送
衣服・装飾品・履物	石炭事業	資産運用・管理業務	農産物	医療品小売	電気事業・発電事業	バイオ燃料	航空宇宙・防衛	カジノ・ゲーム	EMS ODM	航空貨物・ロジスティクス
家電製造	工事用資材	商業銀行	酒類	医薬提供	エンジニアリング・工事サービス	森林管理	化学製品	ホテル・宿泊施設	ハードウェア	航空会社
建築用製品・家具	鉄鋼製造業	保険	食品小売・流通	医療品流通	ガス事業・ガス流通	燃料電池・産業用電池	容器・包装	レジャー施設	インターネットメディア・サービス	自動車部品
電子商取引	金属・鉱業	投資銀行・仲介	食肉・家禽・乳製品	管理型医療	住宅建設業	パルプ・紙製品	電気電子機器		半導体	自動車
家庭用・個人用製品	石油・ガス-探査・生産	不動産金融	清涼飲料	医療機器・消耗品	不動産	太陽光技術・プロジェクト開発事業	工業用機械・製品		ソフトウェア・ITサービス	レンタカー・カーリース
複合型および専門型小売・流通	石油・ガス-中流		加工食品		不動産サービス	風力技術・プロジェクト開発事業			通信サービス	クルーズ
	石油・ガス-精製・マーケティング		飲食店		廃棄物処理					海上輸送
	石油・ガス-サービス				水道事業・水道サービス					鉄道輸送
										道路輸送

（出所：IFRS S2号の産業別適用ガイダンスに基づきKPMG作成）

図表74－２　IFRSサステナビリティ開示基準の産業別適用ガイダンスの全体像

①産業の説明
ビジネスモデル，基礎となる経済活動，サステナビリティ関連の影響等といった産業の特徴

●産業に関連する開示トピックと
それに付随する指標の対応表

②開示トピック	②指標
（例１）温室効果ガス排出	定量的指標Ⓐ
	定性的指標Ⓑ
（例２）水管理	定量的指標Ⓒ
	定量的指標Ⓓ

詳細

●各開示トピックの解説と
指標に関する詳細なガイダンス

④開示トピックのサマリー（開示トピックごと）
温室効果ガス排出 ×××××

④指標の技術的プロトコル（指標ごと）
定量的指標Ⓐ ×××××
定性的指標Ⓑ ×××××

●企業の活動規模を定量化するための指標

③活動指標
（例１）製造施設の面積
（例２）従業員数

（出所：IFRS S2号の産業別適用ガイダンスに基づきKPMG作成）

Q75 「開示トピック」，「指標」および「活動指標」とは

SASBスタンダードおよびIFRS S2号の産業別適用ガイダンスの構成要素である「開示トピック」，「指標」および「活動指標」のそれぞれについて教えてください。

A. 「開示トピック」とは，各産業に属する企業にとって重要性のある可能性が高いと判断されたサステナビリティ関連（IFRS S2号では気候関連（以下，同様））のリスクおよび機会を定義するものです。

「指標」とは，各開示トピックに係るサステナビリティ関連のリスクおよび機会にかかる企業のパフォーマンスについて，利用者の理解を助け，企業の将来の見通しの評価に資する情報を提供するものです。

「活動指標」とは，企業の活動規模を定量化するものです。活動指標を用いてデータの正規化を行うことで，指標の比較可能性が高まります。

解　説

SASBスタンダードおよびIFRS S2号の産業別適用ガイダンスで示されている「開示トピック」，「指標」および「活動指標」の内容および主なポイントは**図表75－1**のとおりです。

図表75－1　開示トピック・指標・活動指標の内容および主なポイント

項目	内　容	主　な　ポ　イ　ン　ト
開示トピック	各産業に属する企業にとって重要性のある可能性が高いと判断されたサステナビリティ関連のリスクおよび機会を定義するもの	・1つの産業に対して1つまたは複数の開示トピックを特定 ・開示トピックごとに，その内容を説明する「トピックサマリー」を記載 ・「トピックサマリー」には，主に以下の事項を記載 ①産業が何に依存しているか ②サステナビリティ課題（IFRS S2号の場合は，気候変動）によりもたらされる可能性があるリスクおよび機会 ③当該リスクに対処できなかった場合に被る可能性がある不利益 ④当該機会がどのように企業の将来の見通しの向上につながるか
指標	開示トピックにかかるサステナビリティ関連のリスクおよび機会に関する企業のパフォーマンスについて，利用者の理解を助け，企業の将来の見通しの評価に資する情報を提供するもの	・1つの開示トピックに対して1つまたは複数の指標を特定 ・定量的な指標と定性的な指標 ・各指標ごとに，指標の開示をサポートするガイダンス（技術的プロトコル）を記載 ・技術的プロトコルとして，指標の定義・範囲・測定単位のほか，指標の計算や開示における要求事項等を記載
活動指標	企業の活動規模を定量化するもの	・人数，個数，件数，面積，比率，生産量，コスト，何らかの残高など，産業の特徴を踏まえて企業の活動規模を説明するうえで有用な指標を1つまたは複数特定

（出所：IFRS S2号に基づきKPMG作成）

以下において，IFRS S2号の産業別適用ガイダンス「開示トピック」，「指標」および「活動指標」について説明します。なお，ここでは，IFRS S2号に基づき，気候関連のリスクおよび機会を前提としていますが，今後，開発・公表される可能性のある他のサステナビリティ課題に関する産業別適用ガイダンスにおいても基本的な内容は同様と考えられます。

1　開示トピック

IFRS S2号は，企業にとって重要性のある気候関連のリスクおよび機会について利用者が理解できるような情報を開示することを企業に求めており，企業は，重要性のある気候関連のリスクおよび機会の識別に際し，産業別適用ガイダンスにおいて定義された開示トピックを参照することとされています（IFRS S2. 12）。

IFRS S2号の産業別適用ガイダンスにおいては，各産業に属する企業にとって重要性のある気候関連のリスクおよび機会に関する１つまたは複数の開示トピックが識別されています。識別された各開示トピックの内容は，「トピックサマリー」において解説されています。トピックサマリーでは，産業が何に依存しているのか，気候変動により産業にどのようなリスクおよび機会がもたらされる可能性があるのか，もたらされるリスクに対処できなかった場合にどのようなビジネス上の不利益が生じる可能性があるのか，もたらされる機会がどのように企業の将来の見通しの向上につながる可能性があるのか，などが説明されています。

産業別適用ガイダンスで示された開示トピックおよびトピックサマリーは，企業がさらされている重要性のある気候関連のリスクおよび機会を企業が識別するための有用な出発点となる可能性が高い情報となります。

2　指　標

IFRS S2号は，気候関連のリスクおよび機会の測定，モニタリングおよび管理状況について利用者が理解できるような情報を開示することを企業に求めており，企業は，その過程で，産業別適用ガイダンスで示された開示トピックに関連付けられた指標についても参照することとされています（IFRS S2. 28, 32）。

産業別適用ガイダンスを参照して識別された指標が，企業の将来の見通しを評価するうえで利用者にとって重要性があると判断した場合，企業は，当該指標を開示する必要があります（IFRS S1. 17, IFRS S2. IB6）。他方，重要性がないと判断した場合には，産業別適用ガイダンスを参照して識別された指標であっても当該指標について開示する必要はありません（IFRS S1. B25）。

なお，産業別適用ガイダンスに示された開示トピックおよび指標は網羅的なものではありません。産業別適用ガイダンスに含まれていない他の追加的な開示トピックおよび指標が，利用者が企業の将来の見通しを評価するうえで重要であると企業が判断した場合には，産業別適用ガイダンスに含まれていない追加的なトピックに関連する情報を提供する必要がある可能性があります（IFRS S1. B26, IFRS S2. IB7）。

このため，産業別適用ガイダンスにおいて例示された指標をテンプレート的にすべて開示すればよいというわけではなく，指標が企業の将来の見通しに重要な影響を与える可能性が高いトピックに関連するものであるかについて企業自らが評価して開示する必要があるという点に留意が必要です。

また，産業横断的に開示が規定されている指標（IFRS S2. 29）と，産業別に開示が例示されている指標（IFRS S2. IB）は密接に関連しているため，産業別指標の開示が，産業横断的指標カテゴリーに関連する開示要求を満たしているかどうかについても併せて確認する必要があります（IFRS S2. 37）。例えば，７つの産業横断的指標カテゴリーの１つとして，気候関連のリスクおよび機会に投下された資本的支出（IFRS S2. 29(e)）に関する定量情報の開示が要求されていますが，石油およびガス産業に属する企業は，産業別適用ガイダンスで例示されている指標として再生可能エネルギーへの投資額を開示することによって，産業横断的カテゴリーの開示要求（**Q63**参照）を満たしていると考えられる可能性があります。

3　活動指標

産業別適用ガイダンスにおいては，産業別に定められた１つまたは複数の活動指標が例示されています。これは，例示されているような活動指標を用いて企業の活動規模を定量化し，データを正規化することにより，事業規模の異なる企業間での指標の比較可能性が高まるためです。

例えば，消費財セクターに含まれる家庭用および個人用製品の産業に属する企業として，国内に製造拠点が１つしかないＡ社と，国内に10個の製造拠点をもつＢ社を考えます。両企業とも水管理に係る開示トピックが企業の将来の見通しに重要な影響を与えると判断し，開示トピックに紐づく指標として総取水量を開示しています（**図表75－２**参照）。この場合，開示指標である総取水量だけを比較すると，Ａ社のほうが総取水量が少ないことから，水管理の環境がＢ社より良いかのように見える可能性がありますが，両社は製造拠点が異なるため，このような単純比較は適切ではありません。活動指標として識別された製造拠点数を用いて製造拠点当たりの平均取水量を算出し比較すると，Ｂ社のほうがＡ社よりも平均取水量が少ないことから，Ｂ社のほうがＡ社より水利用の効率性が高い可能性があります。

図表75－2　活動指標を用いた指標の比較例

項　目	Ａ 社	Ｂ 社
開示トピック	水管理	水管理
指標：総取水量	5百万㎥	26百万㎥
活動指標：製造拠点数	1拠点	10拠点
拠点当たり平均取水量	5百万㎥	2.6百万㎥

製造拠点数を用いて総取水量の平均値を算出し比較することにより，水管理に関して，Ｂ社がＡ社より効率的である可能性が示唆される。

（出所：IFRS S2号の産業別適用ガイダンスを踏まえてKPMG作成）

第5章

サステナビリティ開示実務は今後どうなっていく？

5－1 開示実務

Q76 気候関連の開示実務の変更

IFRSサステナビリティ開示基準の公表により，企業の気候関連の開示実務に対してどのような影響が予想されるでしょうか？

A. IFRSサステナビリティ開示基準の公表を受けて，CDPから質問票にIFRS S2号を組み込んでいく旨が公表されているほか，FSBからTCFDはその役割を終えたという旨が公表されています。また，IOSCOから，IFRS S1号およびS2号をエンドースする旨が公表されています。このような流れのなか，これまでTCFD提言に基づく開示を行ってきた企業を中心に，IFRSサステナビリティ基準の採用を検討するケースが増加することが予想されます。

解説

2017年7月のTCFD提言の公表後，世界中で多くの企業がTCFD提言に賛同し，また，TCFD提言に基づき気候変動関連情報の任意開示を行ってきました。国内でも，2021年6月に改訂された「コーポレートガバナンス・コード」の原則3－1③において，プライム市場上場会社に対して，TCFDまたはそれと同等の枠組みに基づく開示の質と量の充実を進めるべきとされたことなどを踏まえ，多くの企業においてTCFD提言を踏まえた開示が行われてきました。

このように，企業の気候変動の開示実務に大きな影響を与えてきたTCFD提言ですが，IFRSサステナビリティ開示基準のS1号およびS2号が公表されたことに伴い，今後，企業はIFRSサステナビリティ開示基準を参照して開示を検討することになると予想されます。その契機となる最近の動向は，**図表76－1**のとおりです。

図表76－1　ポストTCFD提言に向けた動き

時　期	主 な 動 き
2022年11月	IFRS財団とCDPが，2024年度のCDP開示サイクルから，CDPによる質問表にIFRS S2号の枠組みを組み込むことによって，その環境開示プラットフォームにIFRS S2号の枠組みを反映する旨を共同で公表
2023年７月	金融安定理事会（FSB）が，TCFDはその役割を終え，これまでTCFDが担ってきた業務（気候変動の開示の普及促進やモニタリング活動など）はISSBが継承していく予定である旨を公表

2017年におけるTCFD提言の公表以降，世界中の多くの企業がTCFD提言に賛同し，TCFD提言に基づく開示を行ってきました。これと並行して，CDPによる気候変動質問書はTCFD提言と整合的なものとされており，TCFD提言に基づく開示を行っている企業にとって質問への回答の事務負担の軽減が図られていました。この点，CDPの質問票にIFRS S2号の枠組みを組み込み，CDPの環境開示プラットフォームにIFRS S2号の枠組みを反映することとなったことを受けて，これまでTCFD提言に基づく開示を行ってきた企業において，IFRS S2号の内容をベンチマークとしたうえで自社の開示のあり方を検討するケースが増加することが予想されます。

また，2023年７月には証券監督者国際機構（IOSCO）から，IFRS S1号およびS2号をエンドース（承認）した旨が公表されています。IOSCOのエンドースメントは，IFRS S1号およびS2号が資本市場での使用の目的に適合しているというシグナルを世界の証券規制当局に送ったことになります。IFRS会計基準の普及に際して，2000年にIOSCOがIFRS会計基準をエンドースしたことを契機として世界の140以上の法域での採用に貢献したという実績を踏まえると，今般のIOSCOによるIFRS S1号およびS2号のエンドースが各法域において類似の効果をもたらす可能性があります。

5－2 保 証

Q77 IFRSサステナビリティ開示基準と第三者保証

IFRSサステナビリティ開示基準に基づき開示される情報について，第三者による保証は求められますか？

A. いいえ。IFRSサステナビリティ開示基準においては，同基準に従って作成された情報について第三者保証を受けることは求められていません。ただし，今後，各法域において，サステナビリティ関連財務情報に対する第三者保証が義務付けられる可能性があります。

解 説

IFRSサステナビリティ開示基準の目的は，サステナビリティ関連のリスクおよび機会に関する情報を提供する開示基準の包括的なグローバル・ベースライン（各法域が定める基準との両立が可能なベースライン）を提供することであり，同基準において，第三者保証の要否に関する言及はありません。

今後，IFRSサステナビリティ開示基準に基づく開示を特定の企業に対して義務付けるか否か，また義務付ける場合に開示情報について第三者保証を義務付けるか否かについては，各国・地域の当局により決定されます。

Column
⑨

サステナビリティ情報に対する第三者保証

企業の統合報告書やサステナビリティ報告書，企業のウェブサイト等において開示されているサステナビリティ情報のうち，特定の開示項目または指標等について，企業が第三者保証を受けている場合があります。ただし，第三者保証を受けるか否か，また第三者保証を受ける場合，どの開示項目または指標等に対して第三者保証を受けるかについては，従来，法規制等は存在せず，企業の任意とされてきました。

例えば，サステナビリティ関連情報の報告基準の１つであるGRIスタンダードでは，開示情報の信頼性を高めるための方策として，適切な内部統制を確立することに加え，第三者からの保証を利用することが推奨されています。しかし，これは「推奨」であり，GRIスタンダードにより第三者保証が強制されるものではありませんでした。

しかし，近年のサステナビリティ関連情報に対するニーズの高まりを受け，最近では各法地域において，企業が公表するサステナビリティ関連情報について保証業務を受けるように義務付けることに関する動きが見られるようになっています。

サステナビリティ関連情報に関して企業が第三者保証を受けている場合は，保証対象の情報が含まれる報告書類やウェブサイトにおいて「独立した第三者報告書」が添付または開示されており，当該「独立した第三者報告書」を確認することで，第三者保証の対象範囲と保証水準を確認することができます。一般に，**図表77－１**のような指標について，第三者保証を受けている事例が見られます。

図表77－１　任意の第三者保証が行われている指標例

環境パフォーマンス指標	社会パフォーマンス指標
●エネルギー使用量 ●GHG排出量 ●取水量 ●排水量 ●廃棄物排出量 ●大気汚染物質排出量 ●化学物質排出量 ●水質汚濁負荷量	●労働災害件数／度数率 ●業務上疾病度数率 ●女性管理職比率 ●離職率 ●育児・介護関連制度取得実績 ●有給休暇取得率 ●障がい者雇用率

（出所：KPMG作成）

5－3　各国のサステナビリティ関連開示の制度動向

Q78　日本の動向（その１）有価証券報告書における法定開示

日本のサステナビリティ情報の開示規制動向について教えてください。

A.　2023年３月31日以後に終了する事業年度に係る有価証券報告書より，「サステナビリティに関する考え方及び取組」の記載欄が新設されました。また，「従業員の状況」において，多様性の指標についての開示が拡充されています。

解　説

1　金融審議会「ディスクロージャーワーキング・グループ」の提言

日本では，2021年７月から開催された金融審議会「ディスクロージャーワーキング・グループ」において，企業のサステナビリティに関する取組みに対する投資家の関心の高まりや，IFRS財団をはじめとした国際的なサステナビリティ関連情報の開示に関する基準設定の動向を踏まえ，サステナビリティ開示のあり方に関する検討が行われました。そして，2022年６月に公表されたディスクロージャーワーキング・グループの報告書において，サステナビリティ情報を一体的に提供する枠組みとして，有価証券報告書に新たに独立した「記載欄」を設けることが提言されました。

2　企業内容等の開示に関する内閣府令の改正

(1)　概　要

ディスクロージャーワーキング・グループ報告書の提言を受けて，金融庁は，「企業内容等の開示に関する内閣府令」を2023年１月に改正しました。これにより，2023年３月31日以降に終了する事業年度より，有価証券報告書において

「サステナビリティに関する考え方及び取組」の記載欄が新設されました。

「サステナビリティに関する考え方及び取組」の記載欄では，TCFDのフレームワークおよびIFRSサステナビリティ開示基準のコア・コンテンツで用いられている「ガバナンス」，「戦略」，「リスク管理」，「指標及び目標」の４つの構成要素を基礎として，企業のサステナビリティに関する考え方および取組みを開示することが求められています。具体的には，「ガバナンス」と「リスク管理」についてはすべての企業に対して，「戦略」と「指標及び目標」については（以下の(2)により記載が求められるものを除き）企業が重要と判断したものについて，それぞれ記載が求められています。

また，内閣府令とともに公表された「記述情報の開示に関する原則（別添）－サステナビリティ情報の開示について－」においては，気候変動が重要と企業が判断する場合には，スコープ１およびスコープ２のGHG排出量について積極的な開示を行うことが期待されるとされています。

(2)　人材の育成，社内環境整備に関する開示

人的資本，多様性については，中長期的な企業価値向上における人材戦略の重要性を踏まえ，すべての企業に対して「人材の育成に関する方針」（人材の多様性の確保を含む）および「社内環境整備に関する方針」（例：人材の採用および維持ならびに従業員の安全および健康に関する方針等）について，記載欄の「戦略」に開示することが求められています。また，これらの方針に関する測定可能な指標（インプット，アウトカム等）の内容ならびに当該指標を用いた目標および実績について，記載欄の「指標と目標」に開示することが求められています。

加えて，「従業員の状況」において，すべての企業に対して，「女性の職業生活における活躍の推進に関する法律」（女性活躍推進法），または「育児休業，介護休業等育児又は家族介護を行う労働者の福祉に関する法律」（育児・介護休業法）に基づき算定された，以下の開示が新たに求められ，多様性の指標に関する開示の拡充がされました。

- 管理職に占める女性の割合
- 男性労働者の育児休業取得率

・　男女の賃金の差異

(3)　その他

開示府令と同時に改正された「企業内容等の開示に関する留意事項について（開示ガイドライン）」では，サステナビリティ情報をはじめとした将来情報の記載について，将来情報に関する経営者の認識およびその前提となる事実や仮定等について合理的な記載がされる場合や，社内で適切な検討を経たうえでその旨が検討された事実や仮定とともに記載されている場合には，サステナビリティ情報が含まれる将来情報と実際の結果が異なる場合でも，直ちに虚偽表示の責任を負うものではないと考えられる旨が示されています。

Q79 日本の動向（その2）SSBJによる国内基準の開発

IFRSサステナビリティ開示基準は，日本企業によるサステナビリティ関連の情報開示に対してどのような影響を与えるでしょうか？

A. 日本では，2022年7月に，公益財団法人財務会計基準機構（FASF）内に，サステナビリティ基準委員会（SSBJ）が設置されています。

SSBJは，IFRSサステナビリティ開示基準を踏まえた国内基準を開発していくこととなっており，今後，SSBJによって開発されたサステナビリティ開示基準を踏まえて金融商品取引法による開示が要請されていくことが見込まれています。

このため，IFRSサステナビリティ開示基準の内容は，将来的に，日本企業によるサステナビリティ関連情報の開示にも大きな影響を与えることが予想されます。

解説

2022年7月に，日本における会計基準の設定主体である企業会計基準委員会（ASBJ）を傘下にもつFASFは，ISSBへの意見発信等をはじめとした国際的なサステナビリティ開示基準の開発への貢献や日本のサステナビリティ開示基準を開発するための組織として，SSBJを設置しました。

SSBJは，2022年11月に示した運営方針において，投資家が意思決定を行う際に有用な，企業のサステナビリティ関連のリスクおよび機会に関する開示項目を定めたサステナビリティ開示基準を開発するという基本的な考え方を示しました。そのうえで，開発する基準は，サステナビリティ関連財務情報の開示に関するグローバル・ベースラインであるIFRSサステナビリティ開示基準と整合性のあるものとすることを示しました。

2023年12月末現在，IFRS S1号に相当する日本のサステナビリティ開示基準を検討する「日本版S1プロジェクト」，IFRS S2号に相当する日本のサステナビリティ開示基準を検討する「日本版S2プロジェクト」が，2023年度中（遅くとも2024年3月31日）に公開草案を公表，2024年度中（遅くとも2025年3月

31日）に基準を公表することを目標に進められています。

目標どおりに日本版S1・S2基準が公表された場合，2026年３月期（３月決算を想定）には，SSBJから公表されるサステナビリティ開示基準に基づくサステナビリティ情報開示が可能になるとされています。また，SSBJによって開発されたサステナビリティ開示基準が，会計基準と同様に金融商品取引法の枠組みのなかに位置付けられ，法定開示である有価証券報告書に取り込まれていくことが見込まれており，今後関連する法整備も実施されることが見込まれます。

図表79－１　IFRS財団および日本におけるサステナビリティ開示基準の開発，および開示書類の関係

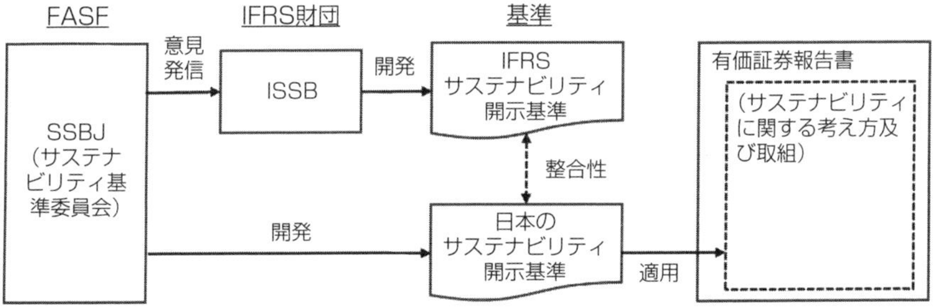

（出所：SSBJ公表資料に基づきKPMG作成）

ISSBは，2023年５月に公表した「情報要請：アジェンダの優先度に関する協議」において，今後の作業計画に追加する可能性がある新たなリサーチおよび基準設定のプロジェクトについて，複数のサステナビリティに関するテーマを提案しています（**Q83**参照）。SSBJがIFRSサステナビリティ開示基準と整合的な基準開発を基本方針として掲げていることを踏まえると，今回ISSBが提案しているテーマについても，今後，SSBJにおいて検討されることが想定されます。このように，ISSBによるIFRSサステナビリティ開示基準の内容は，SSBJによる基準化を通じ，日本企業によるサステナビリティ関連情報の開示にも大きな影響を与えることが予想されます。

Q80 米国の動向 Regulation S-XおよびS-Kの改正

米国のサステナビリティ関連情報の開示規制動向について教えてください。SEC規則に基づく開示では，IFRSサステナビリティ開示基準の適用は認められるでしょうか？

A. SECは2022年３月に，SEC提出書類の財務情報および非財務情報の開示内容を定める規則であるRegulation S-XおよびS-Kを改正し，上場企業に対して年次報告書における気候変動関連リスクやGHG排出量の開示を新たに求める提案を行いました。2023年12月末現在，この提案は2024年４月に最終化する方向で検討が進められています。

なお，2022年３月に公表されたSEC提案では，Regulation S-Kに定められた開示項目に代わり，IFRSサステナビリティ開示基準を適用することは認められていません。

解説

1　SECにおける気候関連開示の制度化の動き

米国証券取引委員会（SEC）に提出する書類に記載する財務情報および非財務情報の内容については，1933年米国証券法に基づく開示規則であるRegulation S-XおよびS-Kにおいて，それぞれ定められています。Regulation S-Kは，近年のサステナビリティ情報の重要性の高まりを受けて，2020年８月に人的資本に関する情報開示の拡充を伴う改正が実施されています。

SECは2022年３月に，上場企業に対して年次報告書における気候変動関連リスクやGHG排出量の開示を新たに求める提案（以下，「SEC提案」という）を公表しました。本提案は継続的に意見募集が実施されていましたが，2023年12月に公表された最新のアジェンダにおいて，2024年４月を目標として提案の最終化を進める旨が示されています。

2　SEC提案とIFRSサステナビリティ開示基準の相違点

SEC提案はTCFD提言による開示の枠組みを基礎として，「ガバナンス」，「戦略」，「リスク管理」，「指標および目標」の4つの項目に沿った開示を求めています。この枠組みはIFRSサステナビリティ開示基準とも整合的であり，各項目で求められる開示内容も，概ね整合的なものとなっています。

一方，IFRSサステナビリティ開示基準とSEC提案では，主に以下の点で異なっています。

(1)　シナリオ分析の利用

IFRSサステナビリティ開示基準では，レジリエンスの分析にあたってシナリオ分析の実施が要求されます（**Q56**参照）。一方，SEC提案ではシナリオ分析を実施している場合に開示を求めており，実施そのものは要求されていません。

(2)　GHGの排出量に関する開示

①　スコープ 3のGHG排出量

IFRSサステナビリティ開示基準では，すべての企業に対してスコープ3のGHG排出量の開示が求められています（**Q66**参照）。一方，SEC提案ではスコープ3のGHG排出量に重要性がある場合，またはスコープ3のGHG排出量について削減目標を公表している場合に限って，開示が求められます。

②　集計範囲

IFRSサステナビリティ開示基準では，GHG プロトコルのコーポレート基準に基づき集計範囲を設定することとされており，連結財務諸表の作成における範囲と異なる場合があります（**Q64**参照）。一方，SEC提案では，連結財務諸表の作成における範囲と一貫した方法で集計範囲を設定する必要があります。

③　排出原単位

IFRSサステナビリティ開示基準では，排出原単位の開示は要求されません。一方，SEC提案ではスコープ1とスコープ2の合計排出量について，収益および生産単位に基づく開示が求められるほか，スコープ３のGHG排出量について開示している場合には，同様の開示が求められます。

(3)　連結財務諸表に紐付けた開示

IFRSサステナビリティ開示基準では財務諸表において開示すべき情報は定められていません。一方，SEC提案では，連結財務諸表上の科目ごとに，気候関連リスクが財務に及ぼす影響額の絶対値の総額が，各科目合計の１％以上である場合は，当該表示科目について物理的リスクと移行リスクに区分し，ネガティブな影響とポジティブな影響を区分したうえで開示することが求められます。

また，気候関連リスクへの対応のための支出に関して，費用化された支出額または資産計上された支出額が，それぞれの資産計上総額の１％以上の場合，物理的リスクと移行リスクに分けて，費用化額または資産化額を開示することが求められます。

SEC提案はIFRSサステナビリティ開示基準の公開草案より前に公表されたこともあり，IFRSサステナビリティ開示基準の取扱いについて言及されておらず，Regulation S-Kに定められた開示項目に代わってIFRSサステナビリティ開示基準を適用することは認められていません。

Q81 EUの動向 欧州サステナビリティ報告基準（ESRS）の適用

EUのサステナビリティ関連情報の開示規制動向について教えてください。EUにおけるサステナビリティ報告の開示基準はIFRSサステナビリティ開示基準と類似しているのでしょうか？

A. EUでは，ESRSが2023年7月に委任法令として公表され，2024年1月1日以降開始する事業年度から順次適用されます。ESRSはIFRSサステナビリティ開示基準と類似している点も多い一方，重要性の概念を含め，両者で考え方が異なる点もあります。

解説

1 EUのサステナビリティ関連情報の開示規制動向

欧州では，2017年よりサステナビリティ情報の開示について定めていた非財務情報開示指令（NFRD）の改訂版として，2023年1月に企業サステナビリティ報告指令（Corporate Sustainability Reporting Directive, CSRD）が発効し，従来よりも広範囲の企業に対して，詳細なサステナビリティ情報の開示が求められることになりました。

また，CSRDにより開示が要求されるサステナビリティ情報の具体的な記載事項について定めた基準である欧州サステナビリティ報告基準（European Sustainability Reporting Standards, ESRS）が2023年7月に委任法令（delegated act）として公表されました。今後，CSRDの適用対象となる企業は，2024年1月1日以降開始する事業年度のサステナビリティ報告から，ESRSが順次適用されます。

なお，EUでは，ESRSに従って開示されるサステナビリティ開示情報について，第三者による保証を受けることが義務付けられることとなっています。その際の保証のレベルは，限定的保証業務から開始し，一定期間経過後に合理的保証業務に移行するかどうかについて検討することが予定されています。

Column ⑩

合理的保証業務と限定的保証業務

サステナビリティ報告に対する第三者保証の基準のうち国内外で広く利用されているものとして，国際監査・保証基準審議会（International Auditing and Assurance Standards Board，IAASB）が開発した国際保証業務基準（International Standard on Assurance Engagements，ISAE）3000「過去財務情報の監査又はレビュー以外の保証業務」があります。ISAE3000に従った保証業務は，保証水準の程度により，「合理的保証業務」と「限定的保証業務」に分類されます。

「合理的保証業務」とは，保証水準が合理的に高い水準の保証業務であり，実施した手続と入手した証拠に基づき，保証の対象となる情報（以下，「主題情報」という）が，すべての重要な点において適用される規準に準拠しているかに関しての業務実施者の結論が表明されるものをいいます。

他方，「限定的保証業務」とは，合理的保証業務の場合に比べて保証水準が相対的に低い保証業務であり，実施した手続と入手した証拠に基づき，主題情報が，適用される規準に準拠していないと信じさせる事項がすべての重要な点において認められなかったかどうかに関する業務実施者の結論が表明されるものをいいます。

近年，サステナビリティ情報に対して第三者保証を受ける企業は，国内外において継続して増加傾向にありますが，現在は，そのほとんどが限定的保証に留まっています。

なお，IAASBでは，サステナビリティ関連情報を主題情報とする保証業務に関する基準として国際サステナビリティ保証基準（International Standard on Sustainability Assurance，ISSA）5000の開発が進められており，2023年８月に公開草案が公表され，2023年12月まで意見募集が実施されました。

2　ESRSとIFRSサステナビリティ開示基準との類似性と相違点

(1)　類似性

ESRSの検討主体である欧州委員会およびEFRAG（欧州財務報告諮問グループ，欧州委員会からの委任を受け，ESRSの草案を作成）は，ISSBと継続的に対話を行い，IFRSサステナビリティ開示基準との相違を解消するための検討を続けています。その結果，2023年７月に欧州委員会から公表されたESRSは，

TCFD提言における４つの柱を基礎とした基準構造の採用をはじめとして，IFRSサステナビリティ開示基準と類似した内容になっています。

(2) 相違点

しかし，ESRSとIFRSサステナビリティ開示基準とでは異なる定めも多くあります。例えば，ESRSとISSBサステナビリティ開示基準では，以下の点において異なっています。

① 重要性の考え方

開示すべきサステナビリティ情報を判断する際，IFRSサステナビリティ開示基準では財務上の重要性に基づいて検討するとされているのに対し，ESRSではこれに加えて，インパクトの重要性（サステナビリティ課題が，短期・中期・長期にわたって，企業が人々や環境に及ぼす，実際，ないし潜在的な，ポジティブまたはネガティブな影響にどの程度関連するか）に基づき判断することが求められています。

② EUの法令等で要求される開示事項

ESRSはSFDR（サステナブルファイナンス開示規則）等，欧州で適用される他の法令等で要求される開示項目との整合性を図っているため，IFRSサステナビリティ開示基準では要求されていない開示事項が多く含まれています。例えば，ESRSのE1「気候変動」では，SFDRおよびEUベンチマーク規則で開示が要求されているGHG排出量の原単位情報の開示が要求されていますが，IFRS S2号では開示が要求されていません。

なお，IFRSサステナビリティ開示基準では，気候関連開示についてはIFRS S2号に従った開示を要求している一方，IFRS S2号のような個別基準が公表されていないそれ以外のサステナビリティ・トピックについては，IFRS S1号で示した原則的な考え方に従って開示すべき情報を決定することが求められています。この点，IFRS S1号では，開示対象とすべきと判断されたサステナビリティ・トピックについて開示すべき情報を検討するうえで，IFRSサステナビリティ開示基準の目的を達成するうえで企業に役立つものであり，IFRSサステナビリティ開示基準と矛盾しない範囲でESRSで定められている開示要求を考慮することができるとされています（Q29参照）。

5－4 基準公表後のISSBの動き

Q82 ISSBによる適用支援

ISSBは，IFRSサステナビリティ開示基準の適用を支援するため，どのような取組みを予定していますか？

A. ISSBは，IFRSサステナビリティ開示基準の適用を支援するため，今後，既存の文書を参考にして，ガイダンスや教育文書を開発する方針を示しています。

解説

ISSBは，IFRSサステナビリティ開示基準の適用を支援するため，今後，適用にあたって検討を要する領域について，既存の文書を参考にして，ガイダンスや教育文書を開発する方針を示しています（IFRS S1. BC9, S2. BC15）。

例えば，IFRS S2号の結論の根拠においては，以下の領域について，具体的なガイダンスまたは教育文書が開発される方針とされています。

1　バリューチェーンの情報開示に関するガイダンス（IFRS S1. BC55-BC56）

IFRS サステナビリティ開示基準では，企業の将来見通しに影響を与えると合理的に見込まれうるサステナビリティ関連のリスクおよび機会について，バリューチェーンの情報まで含めた開示が求められています（Q24参照）。

この規定を踏まえて，ISSBはサステナビリティ関連リスクおよび機会に関連するバリューチェーンの情報開示に関するガイダンスを今後提供する予定です。公表予定のガイダンスでは，バリューチェーンに含める企業の範囲や，バリューチェーンの開示に必要となる情報収集等の事項が取り扱われる予定です。

2　シナリオ分析に用いる気候関連シナリオの選択に関する教育文書（IFRS S2. BC67）

IFRS S2号では，企業による気候レジリエンスの評価にあたり，気候関連のシナリオ分析を実施することを求めています。分析に用いるシナリオについては，特定の気候関連シナリオを用いることを指定または推奨せず，企業が直面している気候関連リスクおよび機会と，利用可能な能力および資源を考慮し，一般目的財務報告の利用者に適切な情報を提供することのできる気候関連シナリオを選択することを企業に求めています（Q57，Q58参照）。

この点に関連し，ISSBは，今後，企業がシナリオ分析の実施にあたって，適切な気候関連シナリオを選択して実施することができるよう，シナリオ分析に用いる気候関連シナリオの選択に関する教育文書を提供することを予定しています。提供される教育文書は，TCFDが開発した既存の文書を基礎として作成される予定です。教育文書は，企業の種類，企業がさらされている気候関連リスク，企業の取組状況（利用可能な技術やリソースの程度等）を踏まえた内容となる予定です。

3　気候関連リスクおよび機会に関連した，自然と社会の側面に関する情報開示についての教育文書

ISSBが2023年５月に実施した情報要請「アジェンダの優先度に関する協議」において，IFRS S2号の適用の基盤となる活動の１つとして「ISSB基準の的を絞った拡充のリサーチ」を掲げたうえで，リサーチの目的として「気候および自然の中核にあるリスクおよび機会だけでなく，社会経済的な諸側面と密接に関連したリスクおよび機会も識別する」ことを目指すとされていました。

ISSBは，その後，2023年12月に教育文書「気候関連リスクと機会の自然と社会に係る側面」を公表しました。この教育文書は３つの設例から構成されており，特定の事実および状況を踏まえ，企業がどのようにIFRS S2号およびS1号を適用し，自然と社会に関する情報を開示することができるかについて説明されています。

上記のほか，ISSBは，基準を適用する企業をサポートするための移行支援

グループ（Transition Implementation Group, TIG）を設置しました。TIGは，IFRS S1号およびS2号の適用に関連して生じる課題や実務において多様性をもたらす可能性がある問題等を分析・議論し，ISSBが課題に対処するうえで役立つ情報を提供することを目的としています。

Q83 ISSBによる今後のアジェンダ

ISSBは，2024年度以後，どのようなアジェンダについて検討を予定していますか？

A. ISSBは，2023年５月に協議文書を公表しており，以下が今後の検討テーマの候補として挙げられています。

1．生物多様性，生態系および生態系サービス
2．人的資本
3．人権
4．報告における統合

解説

ISSBは，2023年５月に，2024年以降の２年間でISSBが新たにリサーチおよび基準開発プロジェクトを進めるうえで考慮すべきアジェンダの優先順位に関する公開協議（以下，「本公開協議」という）を行っています。

本公開協議では，以下の４つが新たなリサーチおよび基準設定プロジェクトのテーマ案として提案されています。なお，以下の候補はすべて大規模なプロジェクトになることが想定されており，これらのすべてについて次の２年間でISSBが大幅に検討を進めるためのリソースを確保することは難しいと考えられています。したがって，本公開協議では，ISSBがもつリソースの配分をどのように行うべきかについて見解を提示することを利害関係者に求めています。

1　生物多様性，生態系および生態系サービス

生物多様性とは，地球上の生物の多様性（動物，植物，その他の生物を含む）を指し，すべての生物は，特定の環境（生態系）のなかで共存しています。また，生態系からは，生物が依存する生態系サービス（例：花粉の受粉，清潔な水の供給等）が提供されており，企業はビジネスを行ううえでこの生態系サービスに大きく依存しています。

生物多様性，生態系および生態系サービスは，ビジネスを含むすべての人間

の活動の基礎となっているため，本テーマには投資者から多くの関心が寄せられています。また，本テーマに関するリサーチ活動等は早いペースで進展はしているものの，企業の財政状態，経営成績および見通しにどのような影響を与えるかについて理解するための，確立されたガイダンス等が未だ存在しません。このため，本テーマはISSBが優先的に対応すべきトピックの候補として挙げられています。

なお，本公開協議では，本テーマの範囲に含まれる可能性がある潜在的なサブトピックとして，以下のものが挙げられています。

- 水（淡水および海洋資源ならびに生態系の利用を含む）
- 土地利用および土地利用の変化（森林伐採を含む）
- 汚染（大気，水および土壌に対する排出を含む）
- 資源の利用（材料調達および循環型経済を含む）
- 侵略的な外来種

2　人的資本

人的資本とは，企業の労働力を支える人々を指し，これらの人々の適性，能力，経験，およびイノベーションを起こすモチベーションを含みます。

機関投資家は，投資意思決定を行うにあたって人的資本の管理に関する情報をこれまで以上に求めるようになっています。また，人的資本に関する報告は増加しつつあるものの，投資者からは，意思決定に十分有用であり，かつ比較可能な情報を得られていないとの見解が示されています。こうした理由から，本テーマは，ISSBが優先的に対応すべきトピックの候補として挙げられています。

なお，本テーマのなかで，特に優先される可能性があるサブトピックとして，以下のものが挙げられています。

- 従業員の福利（メンタルヘルスおよび給付を含む）
- ダイバーシティ・エクイティ・インクルージョン（DEI）
- 従業員エンゲージメント
- 労働力への投資
- 代替的労働力

- バリューチェーンにおける労働条件
- 労働力の構成およびコスト

とりわけ，「ダイバーシティ，エクイティおよびインクルージョン」は，ISSBのリサーチおよびアウトリーチにおいて投資者にとって特に関心のある領域であると認識されており，リサーチを優先する可能性があるとされています。

3　人　権

人権とは，人間として存在する基本的権利および自由を指し，企業の直接的な活動またはバリューチェーンにおける幅広い問題を対象とします。

国際経済がより相互につながりのあるものとなり，サプライチェーンがより複雑化するにつれて，企業は人権関連のリスクを管理することがますます難しくなっています。このような状況のなか，人権に関する情報を評価する，または意思決定に対して関連性があると考える投資者の数は増加しています。したがって，本テーマは，ISSBが優先的に対応すべきトピックの候補として挙げられています。

なお，人権と人的資本は議論が重複し，つながりがあることから，ISSBはこれら２つのテーマの境界およびつながりをより明確にすることが重要としています。

4　報告における統合

ISSBは，財務業績とサステナビリティのパフォーマンスを結びつけ，つながりを明確かつ効果的に伝えることを目的とした「報告における統合（Integration in reporting）」に関するプロジェクトを検討しています。

IFRS S1号およびS2号では，統合報告フレームワーク（Q3参照）に含まれる概念であった「つながりのある情報」に関する要求事項が含まれており（Q26参照），これはサステナビリティ関連財務開示と財務諸表との間のつながりを高めることに貢献をしています。「報告における統合」は，つながりの概念を一歩進めて，以下の２つの間の相互依存性，シナジーおよびトレードオフの考慮も含むものです。

- 一般目的財務諸表において報告される様々な資源および関係
- 企業が自身および投資者のために生み出す価値が，他の利害関係者，社会および自然環境のために生み出す価値とどのように密接に結びつくのか

企業報告に対するより一体的で効率的なアプローチは，投資者が資源をより効率的かつ生産的に配分するための情報の質を改善します。また，ISSBが実施したアウトリーチにおいて，利害関係者が統合報告フレームワークについて引き続き関心を有していることが示唆されています。このため，本テーマはISSBが優先的に対応すべきトピックの候補として挙げられています。

一方で，IASBから公開草案「経営者による説明」(Management commentary)が2021年5月に公表されており，同公開草案に対するコメント提出者の多くから，経営者による説明とサステナビリティ関連財務開示との間の相互関係が強調されるとともに，IASBとISSBが共同で作業を行うべきとのコメントが示されていました。このため，ISSBは，報告における統合に関するプロジェクトについて適切と考えられる場合，ISSBとIASBの正式な共同プロジェクトとして作業を行う可能性があるとしています。

Column ⑪ 経営者による説明 (Management Commentary)

経営者による説明（Management Commentary）とは，企業の財務諸表を補完する情報として，以下の事項に関する経営者の洞察について記述したものをいいます。

- 企業の財務業績および財政状態に影響を与えた諸要因
- 企業が将来において価値を創出しキャッシュ・フローを生み出す能力に影響を与える可能性のある諸要因

経営者による説明の名称は，「経営者による検討および分析（MD&A）」，「経営および財務のレビュー（Operating and Financial Review, OFR）」など様々な呼称が使用されています。日本の制度開示においては，有価証券報告書における第一部【企業情報】第２【事業の状況】のなかの３【経営者による財政状態，経営成績及びキャッシュ・フローの状況の分析】が該当します。

経営者による説明については，IASBから，拘束力のない文書としてIFRS実務記述書第１号「経営者による説明－表示のフレームワーク」が公表されています。また，2021年５月にIASBから現行の実務記述書を置き換える公開草案が公表されていますが，**Q83**のとおり，報告における統合に関してIASBとISSBとの共同プロジェクト実施の要否が検討されているため，IASBが取り組んでいたプロジェクトは休止していました。

用語集

ASBJ Accounting Standards Board of Japan	企業会計基準委員会
CDP	2007年に英国で設立された国際環境NGO（非営利組織）
CDSB Climate Disclosure Standards Board	気候変動開示基準委員会
COP The Conference of the Parties	国連気候変動枠組条約締約国会議
COSO Committee of Sponsoring Organizations of the Treadway Commission	トレッドウェイ委員会支援組織委員会
CSRD Corporate Sustainability Reporting Directive	欧州企業サステナビリティ報告指令
CSR Corporate Social Responsibility	企業の社会的責任
EFRAG European Financial Reporting Advisory Group	欧州財務報告諮問グループ
ESG Environmental, Social and Governance	環境・社会・ガバナンス
ESRS European Sustainability Reporting Standards	欧州サステナビリティ報告基準
EU European Union	欧州連合
FASF Financial Accounting Standards Foundation	財務会計基準機構
GHG Greenhouse Gas	温室効果ガス
GPIF Government Pension Investment Fund	年金積立金管理運用独立行政法人
GRI Global Reporting Initiative	グローバル・レポーティング・イニシアティブ

IAASB International Auditing and Assurance Standards Board	国際監査・保証基準審議会
IASB International Accounting Standards Board	国際会計基準審議会
ICIF Internal Control Integrated Framework	内部統制に関する統合的フレームワーク
IIRC International Integrated Reporting Council	国際統合報告評議会
IOSCO International Organization of Securities Commissions	証券監督者国際機構
IPCC Intergovernmental Panel on Climate Change	気候変動に関する政府間パネル
ISSB International Sustainability Standards Board	国際サステナビリティ基準審議会
MD&A Management Discussion and Analysis	経営者による財政状態，経営成績及びキャッシュ・フローの状況の分析
NFRD Non-Financial Reporting Directive 2014/95/EU	欧州非財務情報開示指令
PRI Principle for Reasonable Investment	責任投資原則
SASB Sustainability Accounting Standards Board	サステナビリティ会計基準審議会
SDGs United Nations Sustainable Development Goals	国連持続可能な開発目標
SEC Securities and Exchange Commission	米国証券取引委員会
SFDR Sustainable Finance Disclosure Regulation	サステナブルファイナンス開示規則

SICS Sustainable Industry Classification System	（SASBスタンダードで用いられている）持続可能な産業分類システム
SSBJ Sustainability Standards Board of Japan	サステナビリティ基準委員会
TCFD Task Force on Climate-related Financial Disclosures	気候関連財務情報開示タスクフォース
TRWG Technical Readiness Working Group	（ISSBによる基準開発の準備作業を行う目的で設置された）技術的準備ワーキング・グループ
VRF Value Reporting Foundation	価値報告財団
WBCSD World Business Council for Sustainable Development	持続可能な開発のための世界経済人会議
WRI World Resource Institute	世界資源研究所

【編著者】

関口　智和　　常務執行理事　開示高度化推進部長　パートナー

辻野　幸子　　パートナー

【著者】

小林　圭司　　パートナー

新名谷　寛昌　パートナー

金岡　浩之　　シニアマネジャー

瀧澤　裕也　　シニアマネジャー

山田　桂子　　シニアマネジャー

脇坂　幸治　　シニアマネジャー

米谷　将大　　マネジャー

青木　　健　　公認会計士

渡部　瑞穂　　公認会計士

《編者紹介》

有限責任 あずさ監査法人

有限責任 あずさ監査法人は，全国主要都市に約6,000名の人員を擁し，監査証明業務をはじめ，財務会計アドバイザリー，内部統制アドバイザリー，ESGアドバイザリー，規制対応アドバイザリー，IT関連アドバイザリー，スタートアップ関連アドバイザリーなどの非監査証明業務を提供しています。
金融，テレコム・メディア，テクノロジー，パブリック，消費財・小売，ライフサイエンス，自動車等，産業・業種（セクター）ごとに組織された監査事業部による業界特有のニーズに対応した専門性の高いサービスを提供する体制を有するとともに，4大国際会計事務所のひとつであるKPMGインターナショナルのメンバーファームとして，143の国と地域に拡がるネットワークを通じ，グローバルな視点からクライアントを支援しています。

開示高度化推進部
有限責任 あずさ監査法人 開示高度化推進部は，非財務情報（サステナビリティ情報を含む）に関する企業の開示やそれに対する保証業務の提供について法人の品質管理に係る機能を担うことを通じて，企業開示の高度化をサポートしています。また，ロンドンに本拠を置くKPMG International Standards Groupや海外のKPMGメンバー事務所と連携しつつ，ISSBのほか，欧州・米国におけるサステナビリティ報告に関する制度上の要請にも対処しています。

Q&Aでわかる IFRSサステナビリティ開示基準

2024年 4 月10日　第 1 版第 1 刷発行
2024年10月20日　第 1 版第 3 刷発行

編　者　あずさ監査法人
　　　　開示高度化推進部
編著者　関　口　智　和
　　　　辻　野　幸　子
発行者　山　本　　継
発行所　㈱ 中 央 経 済 社
発売元　㈱中央経済グループ
　　　　パブリッシング

〒101-0051　東京都千代田区神田神保町1-35
電　話　03（3293）3371（編集代表）
　　　　03（3293）3381（営業代表）
https://www.chuokeizai.co.jp

製版／三英グラフィック・アーツ㈱
製本／㈲ 井 上 製 本 所

ISBN978-4-502-49271-6　C3034